U0927448

# 控制你自己

## 微妙的潜意识心理学

## Petit traité de manipulation à l'usage des honnêtes gens

[法] 罗伯特-万森·朱尔 Robert-Vincent Joule
让-雷翁·博沃瓦 Jean-Léon Beauvois 著

赵飒◎译

CNS PUBLISHING & MEDIA 中南出版传媒
湖南文艺出版社 HUNAN LITERATURE AND ART PUBLISHING HOUSE
博集天卷 CS-BOOKY

感谢O夫人

没有她就没有这部作品

# 前　言

多年前，我在多尔摩斯邂逅了让-雷翁和罗伯特-万森——请允许我直呼他们的名字，毕竟我们现在已经是朋友了。他们提出让我做他们下一部作品的主角时，我没怎么犹豫，只是坚持要隐去我的名字而已。哪个女人没有梦想过成为小说的女一号呢？不过这一次并不是小说，而是一本关于日常行为的实实在在的科学著作。这本书的计划很快吸引了我，我要在书中讲述大街上和亲友之间可能发生的事情，再由我那两位朋友提炼出发生这些事情的决定性因素，尤其是那些我根本就没有意识到的因素。一面是鲜活的经历，一面是严谨的科学分析。我为什么会在咖啡馆的露天座位间帮着抓小偷？我怎么能耐着性子把一场无聊的电影从头看到尾？我为什么会在科尔代斯家具店里买一套玫瑰色的真皮家具？这一切的原因让我着迷。

我相信，操控的秘诀就藏在潘多拉魔盒的深处。即使操控的魔法就此破除，我也并不后悔打开了魔盒，因为盒子里的操控秘诀确实给了我很大帮助，让我识破了他人到处为我设下的陷阱，我相信我再也不像从前那样好骗了。这些秘诀还帮我获得了一些从前无法获得的东西，关于这一点嘛，我还是先卖个关子吧。

希望各位读者能够通过这部作品像我一样受益匪浅。

O 夫人

# 再版序

这本《控制你自己：微妙的潜意识心理学》能够大获成功着实有些出乎我们的意料。大学教师写的研究性作品能够得到公众的认可，这样的事情并不多见。这种认可大概得益于本书的核心问题：如何让他人按自己的意愿行事？这个问题古已有之，而且差不多所有人都碰到过。每个人都有自己的窍门，尽管这窍门并非屡试不爽。我们的窍门和常见的那些有所不同，这体现在以下两点上：首先，我们的窍门不是什么无伤大雅的点子，也不是什么后天培养出来的才能（如大家风范、出众的口才等），而是依据科学理论得出并经实验室或现实生活证明有效的技巧。前者让那些注重严谨性和实证的读者安心，而接下来的第二点则可以满足那些对老习惯和旧观念不以为然的读者。其实想要让他人按自己的意愿行事，不用非要魅力无穷或者身居高位，也不必巧舌如簧或者懂得折磨他人的艺术，只要知道书中的技巧就够了。

尽管这些技巧和其背后的理论确实行之有效，但它们仍然无法满足所有人的需求，原因很明显：在这个以注重意识形态、宣扬自由为主流价值观的时代，它们与遵循这些价值观的人的形象并不相符。所谓使用迂回的方法让他人按照自己的意愿行事，说的不就是操控的技巧吗？操控这个词会让人感到害怕。在北美，人们更愿意隐晦地使用“外围行为技术”这样的说法，这种虽然不够准确但听着更舒服——或者说更冠冕堂皇——的说法的出现绝非偶然。无论是否冠冕堂皇，我们有以下两个充分的理由来让读者们了解这些技巧。第一个理由属于科学伦理学范畴，即研究人员的任务就是为了让公众了解知识的性质；第二个理由是，本书中所讲到的技巧在现实生活中的应用十分常见，这是职业道德规范所要求的。对任何职业来说，最基本的一条准则就是（了解并且）将目前的科学理论付诸实践，无论这种实践是否能得到大众的认可。对致力于避免使人们的身心受到伤害的职业来说，这种准则更是必要的。一名专业人士无权以所谓的当代价值观为名义而违背自己的职业道德准则。这也是为人之本。

# 引　言

周六的下午很难在市中心找到停车位。幸运的是，就在你面前的维克多·雨果大街与乔治·布拉桑大道交汇的地方空出了一个车位。你赶快抓住这个机会，但很不幸，你站在停车计时器前时发现自己刚好缺了50欧分。怎么办？最简单的办法莫过于叫住一位路人，礼貌地向他借钱。但结果可能会不太如意。那就听听这个建议吧：先向对方问时间，接下来，在他要转身离开的时候，告诉他你的停车费还差50欧分。我们可以保证，只要你这样做，成功的概率就会高很多。当然，空口无凭，信不信就在你了。

一位美国研究人员（哈利斯，1972年[①]）在新墨西哥州最大的城市阿尔布开克的大街上分别用上述两种方法向路人借1角银币（相当于今天的50欧分），比较它们的效果。直接借钱时，只有十分之一的路人会出手相助；

① 为避免赘述，本书中仅选取最具代表性的实验来说明问题。

而当实验人员先问时间时，路人出手的概率则是第一种方法的四倍。

这些（社会心理学）实验[1]中的研究人员通常并不真的需要这笔钱，并且还会把为了实验而要来的钱还给路人。显然，他们是想通过实验来验证理论性的思考结果。总之，研究人员提供了一种技巧，用于在日常生活中获得难以或者无法用直截了当的方法获得的东西。让人痛痛快快地去做他本来不想做的事情（比如掏 50 欧分），这其实就叫作“操控术”。O 夫人买了一个翻书器、三套瓶塞架、一打充气式烟灰缸，可如果她没有填写抽奖单参加多尔马蒂之家组织的秋季超级大奖——有机会获得一张 50 万欧元的支票和全家在多尔马蒂海滩度假一周[2]，她是根本不会考虑去买那些东西的。这就是操控术的一个典型案例。

我们可以看到，研究人员通过诸多社会心理学实验来让人们自以为“自由”地行事，而不是真正自发地行事，实验中所使用的技巧其实就是操控术。上述哈利斯的研究只是冰山一角，此类研究颇具实践意义，因为它们都很贴近生活。事实上，想让他人按自己的意愿行事，只有两种

---

① 本书中所说的“实验”通常并不是科学意义上的实验。科学实验要在尊重某种伦理的前提下，通过遵循一定的法则来最终肯定或否定一种假说。但通俗意义上的“实验”并非都是如此，尤其是那些只为了看个热闹或者愉悦观众的“实验”。

② 本书中会经常提到多尔马蒂。

有效的方法：一种是通过权力（或利用关系），另一种就是通过操控。

第一种方法很容易被人想到，也很合情合理。员工听从上司的安排，学生按老师说的去做，这再正常不过了；人质在绑匪的威逼下在镜头前念出绑匪自夸的字条，这也无可厚非。在以上情形中，使别人听话的方法要么是权力，要么是压力，要么就是两者兼具。此外，听话的人很清楚自己这种低人一等的身份，而下命令的人也很了解自己手中握有的权力。

但并不是每个人手中都有足够的权力，或者能够对他人施加必要的压力来让他人按自己的意愿行事。悲观的人还会补充一句：有权的是少数。那是不是说绝大多数人都不会对他人有所指望？当然不是。虽然嘴上不说，但其实我们都希望在无权无势的情况下还能让他人乖乖地按我们的意思去做，甚至希望能从老板那里揩点油。我们当然可以直接提出要求，也可以寄希望于雄辩或者诱惑。可是后面这两种策略是需要一定的能力或者品质的，并不是所有人都能做到。雄辩需要天赋，而且也不是每次都能奏效。另外，众所周知，具备这些能力或者品质的往往是那些社会地位优越的人：经常是总裁能够说服下属，而下属说服总裁的事情却很罕见。此外，雄辩和诱惑对普通人来说并不是最保险的方法。

那么也只能使用操控术了。事实上，操控术对无权无势的人来说是最靠谱的手段，它的一大优点就在于能够悄声无息地让被操控的人以为他自己是在依照自己的意愿、思想和价值观行事。那些在回答了时间之后又借给实验人员1角银币的美国人肯定不觉得自己的行为受了什么影响，也不会认为自己的决定和意志受到了什么无法忍受的侵犯。另外，绝对没有人会觉得回答时间的行为导致了接下来借钱的行为，可事实上呢？简言之，这些人服从了实验人员的意愿。他们所做的事情并非出于他们自己的决定，而他们还意识不到导致这一结果的原因。这就是操控术的关键所在。不过，我们不必担心他们心里会不好受。要是问他们为什么这么做，他们会回答说因为他们乐于助人，也就是说他们觉得自己是自愿服从实验人员的意愿的。这和所谓的“自愿屈从”概念（儒勒与博瓦，2009年）只有一步之遥。无论是操控者还是被操控者，每个人都得到了满足。尽管并没有赢得多尔马蒂之家的秋季超级大奖，O夫人还是挺开心的，因为她从此有了一个精致的钛合金翻书器、三套雕刻精美的瓶塞架以及一打让她的朋友大呼有趣的充气式烟灰缸，她可能甚至还觉得自己捡了个大便宜；多尔马蒂之家的老板则会美滋滋地把O夫人列入新客户的名单里：“欢迎光临多尔马蒂之家。”操控术让所有人皆大欢喜，除非被操控者发现了这个伎俩，当然这样也就意味着操控术失败了。近几十年来，企业管理者们抓住各种讨论会的机会学习如何将权力与管理技巧相结合，而这些管理技巧其实就是操控术。车间里更加民主化的管理、团队投票决定模式、产品质量监管等所有企业管理良方至今未发生本质性的变化，正是因为企业的员工们一直觉得是自己在做各种决定，而不是由上司在要求他们做这做那。不过在这种博弈中，管理培训师们想得更远。第三共和国成立以来，在知识、技巧和道德的变革中，难道他们就没有想过向企业管理者传授不动声色地指挥员工的最佳办法吗?

不。操控术常被人误解成那些小人为了达到不可告人的目的而使用的阴招：不诚实的推销员，不讲职业道德的律师，不择手段的政客，等等。有意思的是，社会心理学家们自第一次世界大战以来就在研究操控术了，所有人——售货员、培训师、企业管理者、家长、军人甚至是乞丐——每天也都在有意无意地使用着操控术，但迄今为止，除了本书的第一版以外，没有任何书籍向公众系统地传授操控术。

# 目　录

## 第一章

# 决策陷阱

## 偶尔缺席的正义感

一般来说，O 夫人会独自度过周四这一天。如果天气好的话，她通常会去圣瓦伦蒂诺海滩度过悠闲的时光。她会在海里游上好一会儿，然后去海边一家小餐馆的露天座位吃海鲜。在六月的一个周四，她像往常一样来到海边。那一天简直美好极了：沙滩上人并不多，海澈天蓝，夫复何求啊。不远处，在一块很大的浴巾上趴着一个泳衣过紧的年轻女人，她独自一人，神情专注地写着短信。过了一会儿，她手里攥着自己那部全新的 XD5 手机[①]对 O 夫人说："可以借个火吗？"

O 夫人微笑着从沙滩包的内兜里掏出打火机递给了她。悠闲的时光总是过得很快，转眼就到下午 5 点半了，O 夫人决定去海里游上最后一圈。上岸后，她躺在沙滩上，忽然目睹了在多尔马蒂海边并不常见的一幕：刚才她不远

① 最新一代的XD5手机完全是多尔马蒂自产，当然无法与苹果、黑莓或者其他智能手机相媲美。它重量略轻一些，在多尔马蒂和周边国家占有一定的市场份额。

处的那个年轻女人也去海里游泳了，把自己的手机留在了浴巾上，而一个陌生人正准备顺手牵羊。这个人 30 岁上下，看上去并无可疑之处。他迅速地向周围扫了一眼，然后若无其事地拿起手机走掉了。O 夫人完整地目击了全过程，而且她可能并不是唯一一个目击者，然而却没有人做出任何反应，包括她自己。O 夫人耸了耸肩，不自然地点上一支烟，戴上了墨镜。

她小声地咕哝道："真是的，在海边游个泳都不得安生！"

晚上 7 点，O 夫人早早地来到小餐馆，只为能够挑到位置最好的一张桌子，以便一边用餐一边欣赏海景。露天座位的人渐渐开始多了起来。

"打扰一下（同 O 夫人说话的女人有着很重的外国口音），我要去打个电话，您能帮我看一下箱子吗？"

O 夫人当然不好意思拒绝。

"当然，没问题。"O 夫人一边埋头吃着牡蛎一边含混不清地回答。

过了不到 5 分钟，O 夫人对坐在箱子旁边的一个陌生人产生了疑心。她的直觉是正确的：这个人看上去没什么问题，但他站起来的时候却拉起了箱子的提手。

"抓小偷啊！抓小偷！"O 夫人一边喊一边冲了过去。

同一个人在短时间里目击了性质一样的两起犯罪行

为，却做出了完全不同的反应——第一次漠不关心，第二次却毫不犹豫地挺身而出，大家对这一现象可能会感到很吃惊。出现这样的结果，要么是因为O夫人性格不够坚定，要么就是故事根本不可信。我们通常认为，无论处于何种情况，人们总是倾向于保持坚定的态度（即遵循一致性原则），心理学家给出的关于性格的定义就论证了这一点：性格就是一个人本性的特点。心理学家认为，性格决定不同的人面对同一情形做出不同的反应（比如是否要起身抓小偷），或者同一个人面对相似的情形会做出相同的反应[①]。而性格的外在表现（“这是个诚实的人”，“这是个强硬派”等）就体现了这一结论的分析成果。所以我们会觉得，既然O夫人在沙滩上目击偷窃后无动于衷，那么在餐馆她也应该是同样的反应。同样，看到O夫人在餐馆里做出激烈反应的人，也很难想象她之前看到有人偷手机时会表现得如此漠然。

诚然，行为上的一致性原则大大简化了我们的生活。了解了他人以前的行为模式后，就可以根据一致性原则预测他们未来的行为了。比如你会毫不犹豫地找上周好心帮你照看过狗的对门邻居帮忙，至于住在二楼那位曾经以闪了腰为借口拒绝帮你把坏了的洗衣机抬到地下室的邻居，

① 这便是性格最典型的定义。齐尔德将性格定义为“使个体行为保持稳定，并使其与相似情形下其他个体行为有所区别的一系列稳定的内因”。

你肯定再也不会求助于他了。企业在招聘时也会利用一致性原则。招聘者向应聘者原单位打听其以前在管理岗位时的一些工作表现，这是出于通过已知行为预测未来行为的目的。同样，在招聘办公室里，心理学家也会通过观察应聘者的坐姿或者回答问题的方式来预测其在具体工作中的表现。

上述几个例子表明了行为的一致性原则在我们的社会文化中得到了广泛的应用，该原则能够帮助我们预测或者解释他人的行为。然而O夫人竟然如此轻易地违反了一致性原则，这让我们大惑不解。这种不一致性并不能被视为一种特殊的性格，这种行为也并不是多么与众不同。如今，不少研究都表明，通过一个人曾经的行为，或者通过我们所掌握的其性格数据，来预测其在类似情境下的行为是十分困难的。假设我们要推测20世纪30年代或者40年代某美国餐厅接待有色人种客人的态度。如果人们的行为都遵循一致性原则的话，我们至少可以根据四方面的信息来判断餐厅老板的态度：

- 他之前的某些行为（比如他没有在公共汽车上为一名华裔孕妇让座）；
- 他的好恶（比如他痛恨黑人）；
- 他的性格（比如他是个专横而强硬的人）；
- 他宣称他会在该情境下做出的行为（比如“我绝不

会接待任何有色人种客人”)。

很多实验和观察均表明，基于以上四方面信息得出的结论和在什么都不知道的前提下得出的结论相差无几。这些实验和观察告诉我们，通过 O 夫人 5 点半时在海滩上目击盗窃行为的反应来预测她 7 点时在餐馆里会做出的行为是多么不可靠的方法。然而这并不意味着研究人员完全摒弃了行为一致性原则——这一原则还是根深蒂固的，也不意味着他们会重新审视它。可以说，这种一致性原则还是存在的，只不过必须从总体角度来看才能体现它的价值，也就是说，我们必须要知道 O 夫人在 20 个类似情形下每一次的反应，才能看到一致性原则的体现，然后可能会得出 O 夫人只有在某一类特定的盗窃行为下才会出手相助的结论。这一理论尽管有很多人买账，却未能大规模见诸出版物。此外，在这些实验中，受情形影响的行为的变数要比实验对象的变数更大，这也是个问题。

然而 O 夫人在短短几个小时内做出了两种不一致的行为，这个现象确实值得深究。为了解释这种不一致性，一些心理学家引用了“行为特殊性”这一已经过时的概念，即在某些特殊情况下人的行为也具有一定的特殊性（米歇尔，1968 年）。在 O 夫人的案例中，很显然，她至少有一种行为是符合该情形的正常反应，而且我们已经知道是哪一种了：O 夫人之所以会在餐馆里挺身而出，并不是因为她的性格或者价值观驱使她这样做，否则她当天下午也会挺身而出的；她这样做其实只是形势所趋而已。下面我们就来具体分析一下。

仔细观察一下，O 夫人先后面临的两种情形只有一个小小的区别，那就是一句承诺，对别人提出的一个很难拒绝的请求许下的一句承诺。谁又能在那种情况下拒绝帮忙呢？谁都会帮忙。为什么会这样呢？在这里我们要分别从语言艺术和人际交往逻辑两个方面来看。从前者的角度看，O 夫人所面临的实际上是一个用“可以”或者“不可以”来回答的问题（“您能帮我看一下箱子吗”），此时摆在 O 夫人面前的是一种选择：她可以接受或者拒绝；从后者的角度看，O 夫人面临的是一种请求，一种在日常人际交往中不太好拒绝的请求。这样一种语言艺术和人际交往逻辑的结合，事实上是本书自始至终都会见到的一种典型情况：自愿屈从。

我们之所以选取 O 夫人的这则故事，是因为其具有一定的代表性，其他人处在 O 夫人的位置也会做出同样的行为。一位美国研究人员（莫里亚蒂，1975 年）用实验证实了这一点，他就把实验对象都放在了与 O 夫人的经历相似的情境下。

在第一项实验中，实验人员穿着沙滩装，拿着收音机坐到真正的懒洋洋地半躺着的游泳者身边去。他把收音机扔在沙滩上，在转身离开前对身边的人说以下两句话中的一句。他对其中一些人（参与环境）说："打扰一下，我要离开一会儿，您可以帮我照看一下我的东西吗？"我们可以猜到，所有人的回答都是肯定的。而他会对另外一些人（无外界干扰环境[①]）说："打扰一下，我一个人在这边，没带火柴……可以跟您借个火吗？"我们也可以猜到，这样的请求很难被拒绝。随后，实验人员刚一离开，他的实验伙伴[②]就会过来偷收音机。在第一种参与环境中，95%的被试者都会挺身而出抓小偷，而在第二种无外界干扰环境中只有20%的被试者会这么做。实验人员又在一家餐馆里做了同样的实验，并在这一次把收音机换成了皮包，实验结果更加明显：第一种环境中出手的被试者达到了100%，而第二种只有12.5%。

为了更好地分析实验结果，最好先剔除能够影响我们判断的几种常见解释。首先，在上述两种情况中，目击者和受害者互相之间有一定的语言交流。因此可以推断出，并不是因为在第一种情况中二者有过交流才促使目击者挺身而出的。其次，在第二种情况中，由于目击者不知道接近收音机或者皮包的人是小偷，所以他没有出手，这种解

① 即指在该环境中，研究人员欲考察其效果的因素不会干扰到实验。与其他环境相比，无外界干扰环境能够更好地体现欲研究因素的效果。

② 即实验人员事先安排好的角色。

释也说不通。事实上，在第二种情况中，实验人员已经让对方知道他是独自一人了，因此所有被试者都知道他们目击的是一起盗窃。再次，第一种情况中的被试者在面对盗窃时天生比第二种情况中的被试者更倾向于出手，这也说不通。所有被试者在实验人员提出照看财物（无论是收音机还是皮包）的请求时无一例外均给出了肯定的答复，因此也很难说这些人的性格或者价值观有什么差别。唯一的解释便是，在第一种情况中，被试者听到的是一个不太好拒绝，只能回到“可以”的问题，而在第二种情况中，实验人员并没有要求被试者帮他照看财物。莫里亚蒂完成于20世纪70年代的这个实验，其结果要比常人看来重要得多。

O夫人所表现出来的行为不一致性其实只是源自一个小小的事件：她被问了一个她只能回答“可以”的问题。正是这句简单的“可以”，引发了接下来一系列的“英勇”行为。心理学家们所谓的“行为特殊性”说到底就是一系列情况相互作用的结果：在餐厅里的时候她旁边刚好坐了一个外国人；而对方向她提出的请求，同样可能发生在另外一个人身上，诸如此类。正是这些情况的相互作用使得O夫人同意帮对方这个忙，而且还没有感到任何压力和束缚。如果对方只是向她借个火而不是让她帮忙看箱子，O夫人毫无疑问会慢条斯理地吃她的牡蛎，并且在发生同样的盗窃行为时，依照行为一致性原则表现出同样的漠不关心。然而说到底，为什么在毫无环境压力的情况下，人们的行为还会出现不一致性呢?

无论如何，O 夫人在回到家以后，肯定不会把她的“英勇”行为描述成我们刚才分析的那样讲给她的丈夫听，她可能还会发自内心地感慨一下自己的性格、价值观和她看到盗窃发生时满腔的怒火。这就无所谓了。

## 锁定效应

我们刚刚看到，O 夫人在餐馆里答应了那位外国女士的请求，莫里亚蒂实验中的被试者同意了帮忙照看财物的请求，这些都是各种情况相互作用的结果。我们首先假设他们的出手相助直接受请求的影响，可是这种假设并没有那么理所当然。有人会觉得，正是由于答应看管财物的请求是一系列情况相互作用的结果，所以莫里亚蒂实验中的被试者应该会表现出漠不关心的态度。然而他们猜错了，因为出手干预的行为正是来自接受请求这一行为。为什么呢？科特·列文（1947 年）提出了一个简单的概括性假设：

人们会倾向于听从自己的决定并做出相应的行为，哪怕这个决定本质上并非真的出于自己的意志。

我们可以简要回顾一下列文做过的众多实验，这些实验旨在对比改变美国家庭消费习惯以适应 20 世纪 40 年代战时经济（如购买小块肉而非大块肉，以奶粉代替鲜奶等）的两种策略。第一种策略为说服策略，即请家庭主妇去参加宣传小块肉的质量和优点的讲座。尽管使了浑身解数（极具说服力的展示，合理的论据，推荐菜谱，等等），主讲人只说服了 3% 认真听取讲座的主妇购买小块肉，这个数字几乎可以忽略不计。虽然主妇们完全了解了小块肉的好处，但她们仍然无动于衷。第二种策略则试图以集体讨论的形式让主妇们自己决定购买新食品。列文把主讲人换成了一位主持人，要求他把第一种策略讲座中的所有信息告知主妇，然后向她们推荐新的菜谱。主持人的一项特别任务是在讨论过程中引导主妇当众做出回家后烹饪小块肉的决定，于是主持人让主妇们通过举手来表明她们的决定。这一小小的举动产生了惊人的效果，32% 的主妇确实消费了小块肉，这一数字是第一种策略的 11 倍。

列文对这一差异给出的解释是，动机与行为并非直接相关，态度与行为更是如此，所以要在二者之间插入一个起到媒介作用的环节，这个环节就是决策。决策一旦做出，不同行为出现的可能性就被“冻结”了，决策者也会忠于自己的决定。而这种忠于自己决定的行为就是“锁定效应”。做出决定后，我们就和自己的决定牢牢地拴在一起，换句话说，我们成了决定的囚犯。这就是为什么我们主动做出或者被人引导着做出的决定会将我们束缚住。

莫里亚蒂的实验结果强有力地证明了列文的解释。诚然，我们可以从各个角度去寻找区分在“参与环境”下出手的实验对象和在“无外界干扰环境”下没有出手的实验对象的因素，但我们找不到任何因素来证明出手的实验对象在一开始就比别人有更好的理由去关心他人的财物或者在必要的情况下出手。只有一个因素能够将两种实验对象区分开：那就是当物主不在时帮他看管财物的决定——这个决定其实是物主“骗”出来的，无论是收音机还是皮包。做出决定后，实验对象就会忠于自己的决定并在出现情况时有所行动。这种言行一致看上去好像是自发的，而言行一致也确实具有积极意义。毕竟，如果我们说一套做一套的话，这个世界也就乱套了。另外，一个说到做到的人也会被视为可靠的伙伴。然而，我们这里所探讨的是对决定的忠诚，而不是对左右我们决定的原因的赞同。两者是完全不同的概念。另外，尽管O夫人是在“锁定效应”的驱使下在餐馆里做出了英勇的行为，但“锁定效应”并不总是能带来正面的结果，它也会导致一些不理智甚至变态行为的出现。接下来的例子就体现了在企业管理中这种效应引发的不合理行为。

## 荒谬的企业经营案例

1976 年，斯托在美国的一家培养未来企业管理者的商校做了一次实验，结果令人疑惑不解。他让一部分学生扮演财务经理的角色，并需要做出一项重要的决定：向两家分公司中的一家投放一笔特殊的开发资金。为此，实验人员给了这部分学生一份文件（1 号文件），其中包含关于公司、其下属分公司以及公司金融环境等内容。在学生做出第一个决定后，实验人员要求学生假设一下，数年后，他们需要做第二个决定。这一次涉及如何将一笔新的资金分配给两个分公司。不过在此之前，实验人员又给了学生一份文件（2 号文件）。这份文件显示，之前享受拨款的分公司几年来并没有什么经济上的起色。于是，根据 2 号文件的数据，学生们认为，他们做出的第一个决定并没有达到预期效果，因此这一决定是错误的。然而，斯托发现，尽管数据很能说明问题，这些扮演经理角色的学生仍然更倾向于把第二笔资金继续分配给曾经享受过拨款的那家分公司，即忠于他们做出的第一个决定。

当然，有些人会说，学生的这种做法并非完全不合理，因为在得到负面结果后马上停止投放资金也不能说是一种明智的管理策略。这种说法其实是毫无根据的。为了进一步验证结果，斯托又做了另一个实验，而这一次的结果清楚地表明，学生们的第二个决定完全是出于对第一个决定的忠诚，而非谨慎明智的结果。这一次，实验人员要求学生只研究分析关于公司及其金融环境的文件（1 号文件），不用做出决定，然后由另外一位扮演财务经理的人员根据文件中的数据来决定向两家分公司中的一家投放一笔特殊的开发资金。因此，学生们这一次只是得知了经理的决定而已。接着，学生们被告知经理在一场空难中丧生，并被要求马上接替经理的位置。这时，一份文件显示之前享受拨款的分公司并没有经济上的起色（2 号文件），学生们又面临如何将第二笔资金分配给两个分公司的问题。斯托发现，学生们这一次并没有忠于财务经理所做出的决定：他们出于理智的金融分析而只向曾经享受拨款的分公司投放了很少量的资金。与第一次实验中的学生不同，第二组学生能够理智地通过给定的信息来判断结果，及时遏止了第一个决定带来的恶果。

这项实验的结果表明，“锁定效应”依赖的是行动的决定，而不是行动的理由（无论好坏）。实验结果还显示，做出决定后，人们倾向于尊重自己的决定，或者在日后做出同样的决定，哪怕其产生的效果并不如人意。于是就产生了一个特殊的现象：明明行为无效，却仍要坚持。就连美国这所著名商校里的尖子生们都会在明知产生了不良效果的前提下仍然坚持自己第一次的决定，可见学历并不是否定“锁定效应”的有力因素。

人们总是倾向于坚持自己的第一决定，即便事实证明这个决定并不正确。斯托及后人将这一倾向称为“参与行为升级”。继斯托的实验之后，这种“升级”引起了研究职场中管理与决策形成的人员的极大关注。正如我们所担心的那样，上述倾向既存在于个人身上，也存在于集体和组织内部（巴泽曼等，1984 年；罗斯与斯托，1993 年）。某些因素还会强化这种“参与行为升级”，如组织因素、社会或文化因素、通用战略因素，等等（罗斯与斯托，1989 年；德吕蒙，1994 年；杰哲等，1998 年）。我们从《月亮》（2001 年）一书中可以看出，决策者对成就，尤其是个人成就的追求使他们更加坚定地忠于自己的决定。“参与行为升级”很容易使人们做出错误的决定，这一点十分让人担忧。

## 要学会叫停

“参与行为升级”现象让我们认识到，即便是未来的国家领导人也会做出不太理智的决策，然而对决定的坚持所反映出的其他现象却没有牵涉到理智的问题。我们来看看其中两种现象：盲目消费和“怪圈”。这两种现象能够帮助我们更好地解析生活中的小缺陷，以及O夫人记忆中发生在某天晚上的一个难忘的小插曲。

那天，吃过晚饭后，O夫人和她的嫂子埃德蒙德发愁该如何打发晚上的时间。她们的丈夫都出门在外，所以她们决定好好地玩个痛快。可接下来她们犹豫到底是要去参加选举宣讲会还是去看电影。总统选举马上要开始了，所以宣讲会很重要；而电影在影评人那里好评如潮，观众的口碑却并不太好，也很值得一探。埃德蒙德很想去宣讲会上听10点钟米歇尔·布莱德先生的发言，他可是代表自由联盟运动参加总统竞选的候选人；而O夫人则希望在宣讲会上碰到阿方斯和安托南这两个开心果。那部名为《以衬衫的名义》的电影讲的是几名年轻的护士在适应多尔马蒂医院的工作时遇到的困难，也很有意思。真是太难在二者中做出选择了。她们最终还是决定去看电影，因为埃德蒙德有一张免费的电影票。然而她们发现这部电影简直是十年来最催眠的影片：剧本写得没头没尾，台词索然无味，更别提让人火大的背景音乐了。

很快，埃德蒙德觉得不能继续浪费时间了，布莱德先生的发言马上就要开始了。可是O夫人认为埃德蒙德的结论下得过早，剧情应该很快就会精彩起来。毕竟她没有免费的电影票，是花钱才进场的，不看完电影太可惜了。最后，经过再三犹豫，O夫人还是留下来一个人把电影看完，事实证明，电影的结尾比开头还要糟糕。

11点半时，O夫人在车站等待当天的末班车。如果圣卢西亚教堂的钟准时的话，末班车已经迟到7分钟了。她没有叫住从车站前经过的一辆出租车。“反正末班车很快就该到了。”她自我安慰道。又一辆出租车经过，可以从车灯的灯光中看出，开始下雨了。子时已过，O夫人开始思考是不是打车回家更明智一些。“算了，”她想，“末班车再过两分钟就到了，可能是堵在埃皮奈特路口那里了。”

最终，O夫人到家时，已经浑身湿透，精疲力竭了。此时已是0点45分，她是步行回家的。更具讽刺意味的是，她的嫂子埃德蒙德、阿方斯以及安托南在她家度过了一个愉快的晚上。

最先研究“盲目消费”现象的是阿克斯和布鲁默（1985

年）。两位研究人员要求学生想象自己要面临如下处境：他们先花了 100 美元预订密歇根州的周末滑雪活动，又花了 50 美元预订威斯康星州的周末滑雪活动，而且他们已经事先知道后者更有意思。然而他们吃惊地发现这两个活动会在同一个周末进行，而且两边都不会退钱，他们必须做出选择。那么在知道威斯康星州的活动更诱人的前提下，他们到底会去密歇根州（100 美元）还是威斯康星州（50 美元）呢？明智的消费者一定会选择威斯康星州。两个活动的钱都花出去了，学生们现在面临着两种选择，并且无论选择哪一个，成本都是一样的，都是 150 美元。理智的人会选择两个活动中好处更大的那一个，这其实也是经济学理论中的一项原则：一个明智的决策者会考虑自己每一步行动的成本和利益，并必然要做出让自己利益最大化的选择。根据这一原则，O 夫人意识到这部电影无聊透顶，也知道自己的电影票钱花出去就拿不回来了，所以她的决定应该和她的嫂子埃德蒙德一样，去参加宣讲会，然后和两个开心果度过一个愉快的晚上，总之不能亏得太厉害。

阿克斯和布鲁默实验中的大部分学生并不比 O 夫人更明智，他们中 54% 的人最终选择了密歇根州，也就是较贵的地方，而没有选择威斯康星州。

当人们进行投资（如金钱、时间、精力等）后，就会一直坚持自己的决策或者行为准则，哪怕有好处更多的选择也不为所动，这就是“盲目消费”。例如，你那瓶 1971 年的波马尔葡萄酒都已经变质了，而且有一股瓶塞味，你还是会努力把它喝光，死活不愿意换一瓶你周日常喝的小牌子葡萄酒。这个例子还是说明了同样的道理，即当我们进行了一笔巨大的投资（那可是 1971 年的波马尔！[①]）时，我们会忠诚于自己这一昂贵的决定，而无视其他更合理的选择。

“怪圈”现象和“盲目消费”没有本质上的区别，和“参与行为升级”也差别不大。“怪圈”说到底也是指人们明知投资成本高得离谱，而且得不到应得的回报，却还是坚持自己的选择。

我们来看看下面这个游戏：假设你有 400 欧元的赌金，有机会赢 200 欧元。怎么个玩儿法？你的面前摆着一个计数器，从数字 1 开始每秒加 1，直到 500。如果你喊停的时候，计数器上显示的正是事先设定好的那个数字，你就能赢得 200 欧元，当然，你并不知道这个数字是多少。然而，如果那个数字大于 400，而你等到最后也没有猜中，那么你不但赢不到 200 欧元，还要输光手里的 400 欧元。你当然可以随时让计数器停下来，这样扣除数字显示的钱数以后你还能保住剩下的部分。游戏的原则其实很简单：你能承受的损失越大，你赢钱的机会也就越大，然而你也可能会

① 波马尔被某些葡萄酒酿造者视为千年一遇的好产地。

既得不到那 200 欧元又输光自己所有的钱。

这就是布罗克、肖和罗宾（1979 年）的实验。不过他们对计数器进行了调整，确保被试者永远也得不到奖金，这样可以研究出被试者可承受的最大损失是多少。在这个游戏里，被试者的处境和等末班车的 O 夫人是很相似的。计数器每过一个数字，赢得奖金的客观可能性[①]其实并没有增加（实验人员事先已经对计数器做了手脚），然而却给人一种可能性在增加的主观感受。如此一来，被试者就掉进了这样一个陷阱：他本来就很难中途放弃自己已经投入了一定时间或金钱的事情，而且他还有一种自己正在接近目标的主观感受，这种感受让他更难舍弃自己的投资。

“怪圈”现象有两个十分可怕的特点。首先，如果你不主动叫停的话，事情就会沿着之前的方向继续发展下去。在布罗克、肖和罗宾的实验里，计数器每隔 40 个数字就会停几秒钟。实验分两组进行。在第一组中，被试者如果想在计数器暂停时中止游戏，就要喊“停”，如果不喊，计数器在几秒后会继续走下去；而在第二组中，被试者如果想让计数器继续走下去，就要喊“开始”，否则计数器就会一直停止不动。结果很明显：第一组被试者的损失比

---

① 这里的客观可能性是由被试者愿意付出的钱数来决定的（如果他只愿意拿100欧元来冒险的话，他就有20%赢得奖金的可能性），而不是由计数器上的数字来决定的。

第二组大很多。这种结果表明，一旦你决定开始一件事情，只要你不主动中止它，它就会一直自顾自发展下去。在这个实验中，损失最大的是那些可以喊停却不喊的人。相反，第二组中的被试者要自己主动决定是否让游戏继续下去，他们的损失是最小的。总而言之，陷入“怪圈”的人在做出第一个决定后，只有再做出一个新的决定才能从“怪圈”里跳出来，而且还是在他有机会重做决定的前提下。从这个角度来看，强迫被试者每隔一段时间就分析一下得失，并决定是否继续游戏，这种做法是可以减少损失的。

“怪圈”现象的第二个特点则是让它充分发挥“坑人”作用的因素。陷入“怪圈”的人可能事先并没有给自己设定投入的底线，比如一次性决定到底要在赌博里投注多少钱，在车站最多等待多长时间，或者等马德莱娜最晚等到几点。布罗克、肖和罗宾在实验开始前要求一部分人说出自己打算投注多少钱，而没有向另一部分人提出这个要求，最终，前者的损失远小于后者。那么，如果O夫人在车站时事先决定好自己最多等几分钟（比如最多等到深夜0点）的话，她很可能就会理智地拦下路过的第二辆出租车。因此，想要避免陷入“怪圈”，最好的办法就是事先给自己划定一条底线，而且这条底线必须要建立在理智分析的基础上，权衡好得失，并且不要受“骑虎难下”的感觉的影响。现在，我们可以给“怪圈”现象总结出一个大致的轮廓：

1. 你会做出一个投资（如投入金钱、时间、精力等）的决定；

2. 投资的结果是不确定的，无论你是否能意识到这一点；

3. 你会面临这样一种情况：每增加一分投入，你就会觉得自己离目标更近了一些；

4. 事情会一直朝着同一个方向发展下去，除非你主动中止它；

5. 你事先并没有为自己划定一条底线。

这样一来，你就可能为了赢取 200 欧元而输光自己手里的 400 欧元。

你还可能会花更长的时间来等车，而你悠闲地走回去所花的时间其实更短一些。

## 从自我操控到操控

如果觉得 O 夫人又蠢又无知，总会掉进生活中最低级的陷阱，那就大错特错了。笔者很了解 O 夫人，她可不是这样的女人。如果觉得“参与行为升级”、盲目消费以及“怪圈”

现象只会出现在古怪的研究人员那些昏暗的实验室里，那我们就想错了。醒醒吧，这些现象无论在国际事务的处理上还是在日常生活中都是十分常见的。下面就是几个很好的例证。

1965 年，美国副国务卿乔治·鲍尔向约翰逊总统提交了一份关于越战走势的报告。报告中写道："如果我们投入大批兵力与对方展开直接战斗的话，我们的军队将面临重大损失。面对越南这样一个不太友好——其实是持敌视态度——的国家，我们的装备并不适合作战。一旦遭受了重大损失，美国将陷入一种不可逆的处境当中。我们的投入太大了，达到目的之前是不可能主动停下来的，除非我们愿意面对接下来的国耻。而且我认为，即便我们真的损失惨重，我们也不太可能达到自己的目标，而更可能要面临国耻。"(《乔治·鲍尔致林登·约翰逊总统的备忘录》，1965 年 7 月，收录于《五角大楼档案》，1971 年)

乔治·鲍尔的报告不但预见了越战的走势，而且以一种惊人的洞察力提醒总统注意战争升级的风险。斯托对于"参与行为升级"的研究完美地阐释了这一升级过程：和商校的那些学生一样，随着时间的推移，约翰逊总统非但没有修改自己之前那个灾难性的决策，反而在每次军事行动失败的时候，都为保持原定决策找到了很好的理由。当然，一国总统的决策肯定不仅仅受到"参与行为升级"这一个因素的影响。但不管怎么说，直到美国总统换届，越战才得以结束，这一点还是令人唏嘘不已的。

“参与行为升级”现象在军事问题上屡见不鲜，在政界也同样随处可见。所有人都记得布莱德先生领导的自由联盟运动最近一次的选举失败。自从自由联盟运动在第 13 次代表大会上制定了新的方针以来，在一次次选举后丢掉了一多半的选民。这种败绩使得党派成员十分渴望见到自由联盟运动能进行一次深度改革，并改变其方针策略。但是党派成员的渴望丝毫没有动摇自由联盟运动的领导层。如同约翰逊总统和斯托实验中的学生那样，领导层反而从一次次的失败中给自己找理由证明决策的正确性。那当然就没必要改变策略咯！明眼人都能看出，自由联盟运动的策略与美国在越战问题上的固执如出一辙。恐怕这一次自由联盟运动也要等到领导层大换血才能阻止问题继续升级，但愿这一天的到来不会太晚。

值得注意的是，集体领导的形式也不能避免“参与行为升级”现象的出现，甚至会使情况加重。不少实验结果表明，集体更容易做出极端的决定，而这种极端决定极易引发风险，并且让人完全无法按照正常的逻辑思维去解决问题。选举策略，乃至一切政治策略的制定都会受极端决定的影响。这种现象被称为集体权力集中[①]，研究人员将它

① 对这一概念感兴趣的读者可以去看看杜瓦斯和莫斯科维奇发表于1984年的文章或者出版于1992年的著作，还可以读一读布豪尔和裘德发表于1996年的综述性文章。

描述成一种集体责任分散至成员身上的行为。这一现象应引起我们的深思：在做决策的时候，集体领导的形式并不意味着决策就会很理智，然而这也并不说明独揽大权就理所应当。独裁导致畸形决策的案例在历史上是数不胜数的，即便是在如今的日常生活和政界当中，这种例子也随处可见。那么该如何避免畸形决策的出现呢？我们坚信，解决之道在于，同一个问题应当由数个立场不同的人参与决策。因此，我们认为，最好不要让同一个人或者同一组人来做出决定并预测决定的影响。比如，A 要在郊区的一家超市里开设一个服装柜台，那么应该由 B 来分析这一行为的结果，然后决定是要继续干下去还是果断放弃。同理，A 开了一张处方，那么应该让 B 来评估处方的效果，并决定是否延长处方的使用周期。这种小小的改变看似简单，实际上却能让人们的习惯发生巨大改变。然而，机构的惰性，行业的成规，这些都不是那么容易改变的，我们上面提到的建议也许不会马上应用到各种政治、经济或军事机构中去。

看了这本书后，读者会不会比你们的上司更懂得利用社会心理学来面对“参与行为升级”、盲目消费和“怪圈”现象呢？仔细想想，生活中总是充满了大大小小的决定，说不定哪天我们就忽然做出了什么超出理智的决定。于是，“怪圈”现象引发的各种不幸随处可见，比如工作上郁郁不得志（德吕蒙与谢尔，2001 年），生活中屡受家暴却一忍再忍（艾森斯塔与本克罗斯特，1999 年），甚至是备受幻觉的折磨却无法自救（伯奇伍德，梅登，特劳尔，吉贝尔与普莱斯托，2000 年）。

我们设想一下，如果学生们上完第一学期自己选的课以后没有得到理想的分数，并且觉得这些课和自己的职业规划有很大出入，那么他们是会理智地中止目前的学业，还是会一直坚持到底，甚至不惜在几年的挣扎后改变自己的职业方向？很不幸，有不少学生，拿了心理学、哲学、生物学一类的本科文凭，毕业一两年后却到护校、教师进修学校或者工学院继续深造，而没有去找真正适合自己专业的工作。如果问他们为什么非要把三年的本科[①]坚持读下来而不转系，他们会一脸自豪地说："因为我是个有始有终的人。"可能读者们和我们的想法一样：这又是一个掉进"怪圈"的孩子，只不过是带着尊严掉进去的而已。

还有那些明明应该趁早离婚，却最终一起走过银婚纪念日的老夫老妻。诚然，生活在一起的理由很多，比如两个人都有共同的朋友，要考虑到孩子的教育问题，要还房贷，等等，到最后就只剩下一个理由了：两个人都失去了过另一种生活的能力。他们看不到这一点，便意识不到前

① 法国的本科学制为三年。——译者注

面那些生活在一起的理由其实都是“怪圈”布下的陷阱，也意识不到自己这一辈子归结起来就是一种盲目消费。所以最终他们“幸福地”过完了一生。

再比如那些没完没了接受心理治疗的人。心理治疗其实具备了“怪圈”现象的所有特点，我们来分析一下：

1. 病人决定接受一次长期的消费（精神、时间和精力三方面的消费）；

2. 不管病人是否意识到，能否实现目标始终是未知的；

3. 事情的发展趋势会让病人觉得自己在一点点接近自己的目标；

4. 治疗会一直进行下去，除非病人主动中止治疗；

5. 病人事先并没有为自己划定投入的底线。

一切都不言自明了吧！

即便你现在能够避免掉入心理治疗，甚至是夫妻生活的“怪圈”，那你也很可能躲不开汽车磨损的“怪圈”陷阱，因为这个陷阱确实太隐蔽了。经历过的人都知道，要下多大的决心才舍得把刚刚换过离合器的旧车贱卖出去。可是如果现在不卖的话，将来刹车、减震器、方向盘都会陆续出问题，甚至会同时坏掉。到那时就真是赔了夫人又折兵了。

“怪圈”现象有各种各样的表现形式，提戈（1979 年）将它们总结成了一句话：付出太多，骑虎难下。有些读者对此颇有感受吧。

## 你是如何中了自己或他人的圈套的

“参与行为升级”、盲目消费和“怪圈”从本质上来说是一样的，都和列文提出的锁定效应很相像，说白了就是对自己所做决定的坚持。[①] 你决定把资金投放到某一家分公司去，或者决定花100美元去密歇根州滑雪，再或者决定赌一把，接下来，这些决定会控制着你朝同一个方向一直走下去，有时就会走到不合情理的地步。

该如何解释这种现象呢？很不幸，我们经常要面对这种可悲的情况：明明实验结果无论从质量上还是从数量上看都很可观，但用来解释这些结果的理论却少得可怜。所以我们现在只能使用目前的最新理论来解释上述现象。这个理论建立在心理学中“自我辩护”这一概念之上，心理学家认为自我辩护是服务于“自我”的（阿伦森，1972年）。根据这一理论，人们之所以坚持自己的决定，是因为太想要或者太需要证明其决定是合理的。因此，你明知自己拨

① 尽管笔者在书中坚持将上述三种现象区分开来，但它们其实经常会互相变换。盲目消费就常被看作参与行为升级（《月亮》，2001年）。

了款的那家分公司不争气，却继续偏向它，其实只是想要证明第一次的决定是正确的。你似乎宁可一错再错，也不愿承认自己第一次的分析和判断有误。我们之前已经看到过（博瓦与儒勒，1981 年、1996 年；另可见富万提亚、吉朗多拉和高斯林发表于 2013 年的综述性文章）一个人事后是如何用很勉强的论据来证明自己决定的合理性的。费斯廷格（1957 年）曾经提出，一个人做出了与自己的所想不一致的行为后，会对自己的思维做出调整，使其与自己的行为保持一致，尤其是他的行为完全出于自愿时（博瓦，2013 年）。而透过“参与行为升级”、盲目消费和“怪圈”现象，我们发现了一种新的证明自己合理的形式，即用新的决定来为原先的决定辩护，或者用新的行为来为原先的行为辩护。我们中的一员（儒勒，1996 年）将这种特别的辩护称为“行动中的合理化”①。例如，在阿克斯与布鲁默的实验中，尽管去威斯康星州滑雪更有意思，但实验对象还是去了密歇根州，也就是说，他们用这一新的行为来证明自己选择贵死人的密歇根之旅是合理的。

在以上提到过的所有例子中，人们都是中了自己最初那个决定的圈套。不过，O 夫人在餐馆的处境和她在电影院及车站的处境还是有所不同的：两种处境中，决定的发

① 我们将在第七章中看到一个“行动中的合理化”的典型案例。

起者是不同的。在“参与行为升级”、盲目消费和“怪圈”现象中，做决定的人就是决定的发起者：是O夫人主动决定去看电影的，也是她主动决定坐公共汽车回家的。这些错误决定并未使任何人获益，它们只是给可怜的O夫人制造了麻烦，换句话说，是O夫人自己害了自己。而他人提出请求的情况就完全不同了。在餐馆里，一个外国人请O夫人帮忙照看箱子，也就是说，最初那个决定（即照看箱子）的发起人并不是O夫人自己，而是别人（即外国人）。这一决定完全是O夫人被别人要求着做出来的。[①] 这其实就是操控术的第一步。如果那个外国人不说，O夫人是不会帮别人看管财物的，正如她在海滩上的表现一样。想象一下，一个没安好心的人引诱你做出某个决定，这个决定可能一开始看上去无关痛痒，但实际上这个人是想利用你对自己决定的坚持来达到他的目的。这就是操控术，而且是一种高级操控术，因为施术者采取了迂回的手段：他先让你做出一个决定，而这个决定并没有让他马上获益，他只是通过这一决定来获得他真正想要得到的东西。因此这种操控术一定是有意而为之的。在日常生活中，人们经常把说服策略（即试图说服别人做他们本不会主动去做的事

① 我们回过头来看一下莫里亚蒂的实验（1975年）：所有的被试者都答应帮实验人员看管财物，无一例外。这种概率说明在此类情形下几乎没有人会拒绝帮忙。

情）称为操控术，而且这种策略有时确实是出于好心。不过这可不是我们这本书里所谈到的操控术。我们说的操控术并不是建立在劝说的基础上，它是一种有意为之的行动策略，而且被操控的人根本意识不到自己被他人操控了。如果操控者清楚地知道自己在做什么，那么被操控者就不太可能躲得开这个陷阱。我们太相信——通常是错信（博瓦，1984 年;迪布瓦，1994 年;儒勒与博瓦，1987 年）——自己的行为取决于自己的想法了，所以如果有人想直接在我们的想法上打主意的话，我们都能马上发现。当我们无法拆穿对方，又确实不愿意受屈时，我们还是知道怎么保护自己的，大不了装傻就可以了。而同时，我们又太容易忽略那些别人正希望我们做出的细节性行为，这些行为在我们自己看来微不足道，无须多虑，可正是这些微不足道的行为构成了操控术的主要节点。

我们在这里要明确一点：本书中提到的绝大多数操控术都是行为上的策略，通过第一时间的准备性行为，即被操控者的第一个行为，来获得第二时间真正希望看到的行为。在某些情况下（见第三章），正是这第一个行为决定了被操控者的心理（被操控者本身完全意识不到自己的心理变化），从而使操控者得到自己想要的结果。回想一下本书开头的例子：为了向路人借 50 欧分（想要的结果），先向对方打听时间（准备性行为）。很明显，操控者并不是真的想知道时间；另外，为了让这一幕看上去更真实一些，他甚至会事先把自己的手表摘下来。这是为什么呢?他之所以打听时间，只是为了让对方先帮他一个小忙，再马上提出第二个请求，而这个请求才是他真正需要的。至于那位被操控的路人，如果操控者为了让路人帮助他而一路追到乔治·布拉桑大道的话，路人会觉得自己是被迫在帮助操控者，而先打听时间则会打消他这种感觉。另外，打听时间也根本不会让路人猜到后面他会付出金钱的代价。

第二章

# 启动效应

在上一章中，我们分析了“决定陷阱”的某些诱因，这些诱因会让人们做出错误的行为，甚至会使生活举步维艰。然而，我们并不是被人推到陷阱里去的；“参与行为升级”、盲目消费和“怪圈”等操控术实际上都是一种自我操控。其实我们还能列举出不少关于决定的陷阱，而这些陷阱是需要他人作为触发陷阱的因素的，它们才是真正意义上的操控术，而不是以上三种自我操控。操控者正是借助于被操控者这种对决定的坚持来达到自己的目的。连自己的决定都能变成陷阱，这一现实十分令人震惊。毕竟，在当代西方社会里，自由意志的体现被视为最崇高的人类行为之一。社会心理学及心理咨询的代表人物雅克·阿尔杜伊诺将决定视为管理一切行为的最基本因素。他在1970年写道：“决定是一系列行为管理中最关键的一点。做出决定之时，大脑的指挥能力达到了一个巅峰，体现出干练、精力集中、重点突出等多重优点。”阿尔杜伊诺的这一观点如今仍然受到各国领导人的推崇。在做决定的时候，人们很难看出决定会带来什么潜在的烦恼。即便真的有烦恼，人们也会将其归咎于无法做出理智的决定或者无法坚持自己的决定。而本书所持的观点和上述对于决定的解读完全不同。首先，本书消除了决定行为的神秘色彩：决定行为不是某些特殊群体的独有能力，而是全人类都会做的事情；其次，人们常说，学会坚持自己的决定才能长大，本书也对这一观点进行了质疑。有时，甚至是在大多数情况下，坚持决定弊大于利。

我们必须承认，某个人在某种情境下做的决定，换个人在同样的情境下也照样会做。事实上，决定的做出在很大程度上取决于生活中的成规、惯例以及情境本身。尤其是在职场上，留给人们发挥个人特点的空间小之又小。诚然，足够留心的话还是可以享受到阿尔杜伊诺所说的那种关键一刻的，到那时我们会沉醉于自由意志的体现。然而这种关键一刻太稀少了，即便在国家领导人光辉的一生里也只是屈指可数而已，永远不会成为日常生活轨道上的主角。在本书中，我们关注的是日常生活中的决定，比如为周末去滑雪的邻居照看金丝雀，给来家里修理网络连接的工人倒杯酒，在公共汽车上让座，等等。在这三个例子中，事情完全可能朝着另一个方向发展：拒绝照看邻居的金丝雀，不给工人倒酒，不让座。所以在这里起作用的正是我们的决定。无论决定是真是假，一旦做出，就会朝着同一方向走下去，有时便会产生糟糕的结果。总的来说，当代社会的价值观使人们认为，决定是人类最高级的行为之一，专属于国家领导人、国家元首，总之属于精英层，而我们这些小人物则没有能力做出决定或者坚持自己的决定。本书则揭示了另一种事实：决定其实是日常生活最基本的一种构成，唯一的不幸在于，我们太倾向于坚持自己的决定了。O 夫人接下来的一段经历向我们证明了这一点。

## 隐瞒了部分真相，反而更容易接受

这一天，在上完钢琴课后，O 夫人决定先不回家，而是去一家大型的家具店闲逛一会儿。为什么她选了这家科尔代斯家具店呢？很简单，因为在不堵车的时候，这家家具店离市中心只有 10 分钟的路程。这里要先说明一下，O 夫人在前一天刚刚说服自己的丈夫亨利把家里那套老旧的家具换掉。尽管不太情愿，亨利还是同意了，但是给出的预算却低得可怜：7000 多尔马蒂元①。钱是不多，不过 O 夫人很会精打细算，大不了再多等上一阵子就是了。现在看来，她不用再继续等下去了，店里有一套家具仅售 6500 多尔马蒂元，对她来说再合适不过了。家具是巧克力色的，和她家浅灰色的墙壁很配，而且其中的沙发床在家里来客人的时候能派上大用场。

她本可以当即就把这套家具买下来——亨利也很喜欢巧克力色，不过她不想表现得太着急。为了确认买卖合算，她还是想看看家具的布料和骨架够不够结实。正巧，不远

① 1多尔马蒂元约等于15欧分，因此O夫人的预算只有差不多1000欧元。

处就有一位售货员。

“您好，女士，有什么可以帮助您的吗？”

检查过家具后，售货员带着O夫人去看了一眼本月的特惠活动：一套豪华的玫瑰色小牛皮家具仅售6999多尔马蒂元。售货员还补充说，只要购买这套家具，就能获得一盏价值约800多尔马蒂元的精美的希腊罗马风格落地灯。想买就要马上动手，活动时间只有48小时。O夫人无法抗拒这个诱惑。落地灯确实很漂亮，把它放在起居室里的电视机和那盆丝兰之间，让灯光打在桃花心木的书柜上，一定很美。至于家具嘛……玫瑰色就玫瑰色吧！

“这套家具还有没有别的颜色？”O夫人问道。

“抱歉，女士，只有玫瑰色的是特价。”

O夫人权衡了一下：起居室里迟早要添一盏灯，像这种落地灯的光线更舒适一些，而且真皮家具才卖这个价钱，太值了！我想不出亨利能有什么反驳的理由。美中不足的就是家具的颜色。本来颜色的问题是无法解决的，不过售货员的游说却让O夫人相信，玫瑰色这种中性的颜色是百搭的，玫瑰色配浅灰色更是绝美的组合。O夫人一边掏出支票本一边暗想：“反正没有超出亨利的预算就是了。”

售货员为自己揽到了新客人而激动不已，他让O夫人去找部门负责人完成最后的手续。衣冠楚楚的负责人签好质保协议后，填了一张送货单。

“落地灯我自己带回去就可以了。”O 夫人说道。

“落地灯？抱歉，女士，这里面可能有些误会。我们确实会向购买这套家具的前 10 名客人赠送落地灯，不过已经送完了。但是也不要觉得太遗憾，您是第 15 位客人，如果您喜欢这盏灯的话，可以趁现在以特价 750 元把它买下来。”

O 夫人这一次没有再犹豫。“750 元！亨利会气疯的！”她边想边签下了 6999 元的支票。

## 要懂得三思而后行

O 夫人的遭遇并不稀奇，她之所以没有改变主意并且签了支票，只是因为她上了店家营销手段的当，这种手段就是靠着客人对自己决定的坚持而取胜的。根据卡尔森的理论（1973 年），这种手段在盎格鲁 – 撒克逊文化地区被称为 Low-ball（虚报低价欺骗顾客），而在美国，这种手段被用于汽车的销售（仅仅是汽车吗？）上面。这种手段的策略在于，为了让一位潜在的客户做出购买决定，卖家会隐瞒商品的某些不足之处，或者大肆宣传商品的某些根本不是优点的优点。一旦做出决定，即便后来意识到自己真正付出了多大的成本，消费者仍然不会再对自己的决定产生任何质疑。科尔代斯家具店的员工正是间接通过这种营销手段促使 O 夫人做出购买玫瑰色家具的决定，而她此前是绝对不会主动做出这种决定的。这一手段是建立在一个错误信息上面的，即可额外获赠一盏精美的落地灯。部门负责人将这一“误会”解释清楚后，O 夫人并未改变自己的决定，还是花了 6999 元买下了那套玫瑰色的家具，尽管内心深处她还是更想买 6500 元的巧克力色家具。极具讽刺意味的是，在整个过程中，从表面上看，大家都遵守了社会道德。O 夫人做出决定之时，她明确地知道自己买下的是玫瑰色而不是巧克力色的家具，也知道自己付了 6999 元而不是 6500 元，还知道店家不会把她喜欢的那款落地灯免费赠送给她。而部门负责人也是先把所有相关信息都告诉了 O 夫人，在她完全自愿做出决定之后，才收了她的支票。

罗伯特·西奥迪尼与几个美国科研人员共同重点研究了这种营销手段，试图确认它是一种非常有效的针对他人的行为模式。他们的实验对象是参加心理学导论课的学生。在这里要说明一下，美国的学生通常均有义务以实验对象[①]的身份参加学校组织的各种实验，而参加实验的时

① 绝大部分心理学研究人员如今在实验报告中以“参与者”代替“实验对象”一词，这一转变是由北美研究人员率先发起的。为体现时代特征，本书中将沿用“实验对象”一词。

间将计入学分（分1、2、3学时3档）。这一次，学生可以在两个测试中选择一个参加。客观地说,第一个测试（测试A）没有第二个测试（测试B）有趣。不过学生们被告知，参加测试A可以获得2学时的学分，而测试B虽然有趣，却只能给学生1学时的学分。一部分学生完全出于自愿地选择了自己想参加的测试（自由选择组）。另外一部分学生在实验人员的要求下选择了测试A，即虽然没趣但价值2学时的测试（受迫选择组）。做出决定后，学生们得知,之前关于学时的信息有误。事实上,无论参加哪个测试,都只能获得1学时的学分。随后，实验人员要求学生做出最终的选择。此时，自由选择组的学生的处境和O夫人在家具店签支票时的处境是一样的，他们先做出了自己的初步决定(显然,他们中大部分人选择了价值2学时的测试A),然后他们突然被告知，使他们做出这种决定的主要原因是一条错误信息。现在他们有了重新选择的机会，那么他们会收回自己之前的决定，而选择更有意思的测试B吗?

大家可能猜到了，学生们的反应与O夫人并无二致。他们也坚持了自己最初的决定，并且这个比例还很高。在知道测试A也只值1学时之前，81%的学生选择了测试A，知道真相后仍有61%的学生坚持选择测试A。毫无疑问，这一结果正是受了最初决定的影响。何以见得呢？受迫选择组的学生知道真相后的反应与自由选择组的学生截然不同。他们的最初决定在很大程度上受了实验人员的影响，是在实验人员的极力坚持下才全部选择了测试 A。但是当他们得知测试 A 的学时并不比测试 B 高之后，多数人（58%）选择了测试 B，这和从一开始就知道两个测试学时一样的对照组的结果是相似的（69%）。实验结果很能说明问题：对照组中，31% 的人选择了无趣的测试 A；受迫选择组和自由选择组中分别有 42% 和 61% 的人选择了测试 A。

这一结果为我们提供了很多信息。被迫做出选择的学生（受迫选择组）在得知自己选的测试并不会带来什么额外的好处后，很容易改变自己的决定。这些学生是在某种压力下做了最初的决定，换句话说，这一决定并不是他们自己的决定。当这种压力消失后，他们面临的就是一次普普通通的选择了，所以他们理所当然地选择了更吸引人的测试 B。有趣的是，真正受到操控的是那些最初按自己意愿选择测试的学生（自由选择组）。尽管和受迫选择组的学生一样选择了测试 A，但他们在知道真相后仍然坚持自己那个毫无优势可言的决定。

为什么会这样？原因很简单：他们很清楚地知道，最初的决定是由他们自己做出的，而不是别人强迫他们做出的。盎格鲁 – 撒克逊文化地区的研究人员给出的解释是，这些学生要为他们自己做出的最初决定负责。也就是说，只有当个人感觉自己要对自己的决定负责时，通过虚报价值来引诱的方法才会产生效力。我们之前已经看到过，受迫选择组的学生身上就没有出现这种效应，他们并没有坚持最初的决定。

这就是所谓的“启动效应”，顾名思义，这种策略的精髓就在于，抛出一个诱人的建议，来引导他人按照自己的意愿行事。

## 早起的鸟儿有虫吃

家具店店员把O夫人耍得团团转的手段，还有西奥迪尼的实验，都只反映了启动效应的一个方面。在上述两个例子中，操控的关键就在于，操控者一直在强调商品某些不存在的优点，到最后一刻才道出真相（免费赠送落地灯的活动结束、测试A只能换1学时）。这一过程很容易让我们觉得，启动效应的一大缺陷在于它有欺骗之嫌。诚然，家具店的店员确实是个卑鄙的家伙，明显靠撒谎来达到自己的目的。但是我们不能说西奥迪尼和他的同事们是卑鄙小人，因为他们的实验是在严格的科学要求下进行的，而且他们必须遵守职业道德，在实验过后将整个事情的来龙去脉向参与实验的学生一一说明。[1]不管怎样，被骗的人如果完全相信了谎言，那么这种欺骗行为就可能招来受骗者的怨恨，甚至是敌意，从而影响操控术的效果。不过各位尽管放心，有一种不那么招人诟病的启动效应，它不涉及谎言，至少不涉及典型的谎言。操控者无须撒谎，只要隐瞒一部分事实就可以了。说白了，操控者先促使被操控者做出决定，然后再告诉他这一决定的弊端。西奥迪尼和他的同事们也是检验这一手段效果的先驱（1978 年）。

实验人员希望心理学系的学生们自愿报名参加一项早上 7 点开始的实验，并可获得 1 个学时的学分。显然，只有有早起习惯的学生才会接受这种一大早进行的实验。可早起的人并不多，事实上，西奥迪尼和他的同事们实事求是地向学生发出这一请求后，只有 31% 的人表示愿意参加。而借助了启动效应后，这一数字上升到了 56%。从 31% 到 56%，这种涨幅是相当可观的，而且实验人员并没有动用多么高级的手段，他们借助的其实是一种典型的启动效应。实验人员在电话中告诉学生，参加这项实验可获得 1 个学时的学分。在对照组中，实验人员将实验的所有情况全盘

---

① 社会心理学实验经常需要通过欺骗手段来进行。当实验对象完全了解研究的目的和假设时，他们有可能故意做出实验人员希望他们做出的行为，在这种情况下，欺骗手段就很有必要了。无论如何，实验结束后，实验人员要将实验的来龙去脉以及实验的目的告知实验对象，这是业内的一项规则。

告诉了学生，也就是说，他们在邀请学生参加实验前就告诉他们，实验将于早上 7 点开始。“我们给你约在周三早上还是周五早上？”而在启动效应组中，实验人员事先隐瞒了关于实验的一部分真相，这一次，他们只是问学生愿不愿意参加一项实验，而没有告诉他们实验开始的时间。他们就这样轻易地得到了很多肯定的答复。之后，实验人员在为学生确定实验日期时再通知他们早上 7 点来实验室就行了。

启动效应组与对照组唯一的区别就在于得到了学生肯定的答复。启动效应组中之所以有更多的学生同意早上 7 点去参加实验，显然是因为这组的学生被实验人员引导着——在知道被隐瞒的真相之前——先做出了决定。对比很明显，启动效应组同意参加实验的学生是对照组的两倍。当然，有人会说，这也可能只是学生在做做样子罢了，反正只是在电话里动动嘴皮子而已，刚刚给出肯定的答复就马上否定的话似乎不太好。为了考察这一说法，西奥迪尼和他的同事们又做了进一步的实验。他们于早上 7 点来到实验室，记录了来参加实验的学生人数。这一次就不是口头承诺的问题了，而是在考察实际行动，真正需要付出一定代价的行动。启动效应的效果并未减弱：启动效应组中 53% 的学生在早上 7 点来到了实验室（这一组中 95% 的人之前表示愿意参与实验），而对照组只有 21%（这一组中 79% 的人之前表示愿意参与实验）。这样看来，被“骗过”

的学生也能够和别人一样遵守自己参加实验的诺言。我们本能地认为启动效应组的学生缺席实验的情况会比对照组更严重，因为从某种意义上讲，参加实验的承诺是实验人员从启动效应组的学生嘴里“骗”出来的。但实验结果彻底推翻了我们的猜测。我们在后面的章节会提到一种“参与理论”，这一理论可以解释被“骗”的学生为何会坚持自己的决定。首先，对照组的学生只做了一个决定（是否去参加早上7点的实验），而启动效应组的学生则做了两个：在被告知全部真相前后各做了一个。通过这一区别可以看出为什么启动效应组的学生更坚持自己的决定，而对照组的学生却不那么坚定，我们可以说，对照组的学生没有另一组更“主动”。在第三章中，我们将通过理论来证明，两个决定比一个决定更能让人表现“主动”。

## 有些事只能全盘接受or全盘否定

在日常生活中，启动效应并不鲜见。尽管这一操控手段能够引来烦恼，但是它不像我们之前提到的自我操控（“参与行为升级”、盲目消费和“怪圈”）那样会造成终身的损失。说到底，因玫瑰色的家具和早上 7 点开始的实验而烦恼一时，总比陷入婚姻和心理治疗的怪圈好一点儿，尤其是心理治疗，费了半天功夫，还不是为了解决玫瑰色的家具和早上 7 点开始的实验这类稀松平常的小问题？另外，为了跳出婚姻的怪圈，我们通常又会跳进心理治疗的怪圈[①]……启动效应的效力只是短时的，而且必须要通过两次决定才能完成；而那些自我操控的现象则会持续很长一段时间，甚至是终身的。下面要讲到的例子相对来说可能要平淡一些，不过……

我们接触的都是老实人，所以我们不会诱使对方去撒谎。因此，本书中所选择的操控实例都是通过先隐瞒部分真相来实现的。

下面是发生在一个熟人身上的令人哭笑不得的倒霉事，我们在此隐去了她的姓氏。在地铁里，她偶遇了一个同届毕业的好友，两个人先是津津有味地聊了一通生活琐事，又回忆了一下当年的美好时光，一路从皮加勒站聊到美丽城站。她当时有急事在身，对不能和朋友多聊聊表示很遗憾，不过在站台上分别时，这位朋友提出想找个周日去她在乡下的家里坐坐。她欣然同意，并且热情地留下了

---

① 一位统计学家曾经一脸认真地声称，他发现离婚率（至少在法国和多尔马蒂两国）和本书销售量之间存在正相关关系。先抛开这个结论的对错，这位朋友强烈建议我们不要让已婚夫妇看到这本书。

自己的手机号。过了两天，她接到了朋友的电话：

“嘿，赛戈莱纳，我是弗朗索瓦。我这周日正好有空，咱们见个面吧，择日不如撞日。你看可以吗？”

“可以呀，”她答道，感到有些惊喜，“九月的景色正好很美。”

弗朗索瓦接着说道：

“我想了想，我可能周六晚上就到你那里，到时候我带过去一些烤串和甜点……我们可以在你那里过夜吧？毕竟我不能把新女友和我的四个孩子单独留在家里。你们肯定会相处得很好。没什么问题吧？”

就这样，整整一天，赛戈莱纳的这位老朋友清醒的时候都在看电视[①]，四个调皮的捣蛋鬼惹了一箩筐的麻烦，而朋友的女友大概觉得自己是在宾馆度假，连一个杯子都没刷过……真是个倒霉的周日！

讲完这件事，赛戈莱纳一脸苦涩地说道：“这次就算了，以后我不会再吃这种亏了。”不过，恐怕她以后还会掉进这种陷阱里的。几周前她就吃过一次这种亏了，却没有警惕起来。那天，她穿着黑色的裙子，开着黑色的敞篷车，去滨海夏朗德省的科尼亚克镇参加一个图书展。她刚刚从巴黎出发，就注意到人行道上一个俊朗的男人想搭车。她

① 弗朗索瓦是个狂热的体育爱好者，而且是电视节目《激情周日》的忠实粉丝。可想而知，这个周末……

根据男人的外表立刻就判断出这应该是一个很好的旅伴，于是没有多想就刹住了车。

“我要去普瓦提埃。”他带着迷人的微笑说道。

赛戈莱纳没有回答，而是直接敞开了自己的心扉和车门。

“不过我不是一个人，”他接着说，“我还有两个朋友，她们去买烟了，很快就回来。”

就这样，在340公里的旅程中，赛戈莱纳一直在忍受着那两个女人的叽叽喳喳，她们倒是不见外，而且很没礼貌，一支接一支地抽烟。至于那位梦中情人一般的男士，他一上车就昏睡不醒了。

不要以为这种事只会发生在别人身上。本书的作者之一就在几年前有过一次类似的惨痛经历。他的一位快要结婚的同事坚持要他来参加其婚礼，而他觉得自己绝对不能空着手过去，所以他决定要为这对新人买一份小礼物。于是他询问这位同事想要些什么，同事告诉他幸福商场的三楼有婚礼礼单可供参考。幸福商场是在旧大陆上最负盛名的连锁商场①。

“说实在的，你真的没必要……”

结果呢？本书的这位作者抱着买一份不太贵的小礼物

① 最新一期《多尔马蒂经济论坛》显示，幸福商场为多尔马蒂年轻人最喜爱的商场。

的心理去了商场。当他出来的时候，手里拿着的是婚礼礼单上最便宜的一样东西：一台价值 299 欧元的无袋吸尘器！

以上三个故事都是典型的启动效应案例。在每个故事中，被诱惑的人都做了两个决定，这两个决定分别是在他（她）得知要付出昂贵代价前后做出的。根据启动效应的原理，第二个决定实际上是被诱惑的人对第一个决定的坚持所带来的必然结果。我们之所以将启动效应归类为一种操控，是因为，如果被诱惑的人从一开始就了解所有真相的话，肯定会做出完全不同的最终决定。如果上述三个故事的主角从一开始就知道自己会成为他人的“盘中餐”的话，他们一定会小心地避免掉进虎口。就拿最后一个故事来说吧，本书的这位作者如果没有被邀请参加婚礼的话，他也不会做出买礼物的决定；而当他看到幸福商场里那份婚礼礼单后，他就被迫做出了一个新的决定。在那一刻，他其实还是能给自己找个借口不去参加婚礼，也不用买什么昂贵的礼物的。可他没有这么做。这位作者坦诚地说，如果他在参加婚礼前就看到这份婚礼礼单的话，他一定会礼貌地拒绝参加婚礼的。

我们会注意到，在启动效应迫使我们做出决定后，我们就只有做出一种行为的可能：要么全盘接受，要么全盘否定。因此，赛戈莱纳不能只接待她的旧日好友，而将他的新女友和孩子们拒之门外；也不能只让俊朗的搭车人上车，而不拉上他的两个朋友。至于本书的那位作者，除非一开始就拒绝同事的婚礼邀请，否则他就只能买下那台最便宜的吸尘器。

## 诱饵手段

上面的几个例子大致说明了启动效应在日常生活中的应用。诚信的商人应该能从这些例子里看到他们一直拒绝使用的手段，可他们或许在使用另外一些手段……我们接下来要介绍的手段在商业活动中被广泛应用，同时也是不少科研人员的研究对象，它就是诱饵手段。操控者先让被操控者自由地做出决定并落实到行动上，以便从中获取一定的好处。当被操控者做出决定后，便会被告知情况有变，他无法将自己的决定落实到行动上了，此时操控者会向被操控者建议另一种好处没那么大的行动（替代行动）。本书的作者之一便首先进行了一项证明诱饵手段效果的实验（儒勒、古尤与韦伯，1989 年）。实验人员邀请学生参加一项非常有趣的研究，并且承诺了丰厚的报酬。研究的任务是让学生们来审查几部内容十分赏心悦目的影片，这种美差可不多见。绝大部分学生接受了邀请，这就是实验的诱饵。等他们到了实验室，他们被告知研究于当天上午被取消了，他们只能无功而返。他们不能参加这次好处多多——尤其在报酬方面——的研究了，可想而知他们有多失望。在走廊里，学生们纷纷离开时，一名实验人员推荐他们参加另外一项新的研究，这一次非但没有前一项研究有意思（只是问卷调查而已），而且还没有一分钱的报酬。然而，同意参加研究的学生人数仍然是在对照组中被直接邀请参加问卷调查的学生人数的二倍。接下来的几年中，又有十几项实验（尤其是盖冈、儒勒与马尔尚于2013年所做的实验）得到了同样的结果。

这可不只是研究人员奇思怪想的结果，你一定也碰到过这种情况：你在路边橱窗里看到一双非常漂亮的鞋在打折（半价），于是走进商店，下决心要把鞋买下来；很不幸的是，你通常会发现这双鞋断码了，没有你的号。这时，店员会向你推荐外观类似、同等质量的款式。这双鞋通常会和你看中的那双一样漂亮，甚至更漂亮，但唯一的问题是，这双鞋不打折。这种情况下，你会怎么做？连试都不试一下就走掉吗？当然，没有百试百灵的操控手段，就像一则广告不会吸引所有看到它的人去买它宣传的商品一样。这只是一个概率的问题。因此，也许你只有一成的可能性会买下这双不打折的鞋，但你要知道，如果不是有橱窗里那双鞋做诱饵，这一成的可能性都不会存在。这种销售手段的效果已经被盖冈和雅各布的实验所证实（2008 年）。如果客人在一开始就知道他看上的鞋没有他的号码（对照组），那他几乎不会去花全价买另一款；可如果他是在走进商店几分钟后得知这一消息，那么他购买另一款全价鞋的概率就会高出很多（诱饵手段）。第一组客人中，买全价鞋的只有 7%；而在第二组中这个数字达到了 30%！

我们来通过这个例子分析一下诱饵手段的定义：你决定给自己买一双价格很诱人的鞋，即你决定做出一个能给你带来明显好处（不用担心超预算就可以得到一双漂亮的鞋）的行为（此处为购买行为）。然后你发现鞋子没有你的号码。因此，情况发生了改变，你不可能再买这双鞋了。这双鞋在整件事里就扮演了诱饵的角色。随后店员向你推荐了另一款你也很喜欢但价格更高的鞋，也就是说，店员让你用一次没有那么多好处的购买行为来代替你本来想做出的购买行为。商家很狡猾地引诱你先做了最初的决定，再利用你对这一决定的坚持来促成你购买那双较贵的鞋，这就是一种典型的诱饵手段。商家可能并没有明确地意识到自己使用的是何种营销手段，不少商家都觉得，这种诱饵手段只是为了招揽更多的顾客到店里来而已。只要顾客走进门，接下来就看商品的质量以及店员的口才了。不过我们认为，如果客人进店后真的进行了消费，那么这一结果更应该归功于顾客对自己最初决定的坚持，而不太可能是商品的质量或者店员的口才。商家把口头推销视为最重要的手段，然而我们认为，事实并不是如此，这种手段甚至可能会影响诱饵手段的效果。口头推销手段事实上很容易被揭穿，从而会让顾客产生戒备心理，即心理专家所说的“对抗”，并拒绝让步。我们总是用鄙夷的态度去谈论那些卖地毯的商家或者其他小商贩，因为这些人特别喜欢用花言巧语描述跟商品实用性无关的优点。因此，比起费尽心思让顾客相信这件商品如何如何好，倒不如给客人提供不同的选择让他们自己决定，从而利用他们对决定的坚持来达到售出商品的目的。

诱饵手段和启动效应都牵扯到两次连续的决定。然而二者之间还是有区别的，诱饵手段的特点在于，最初的决定是一个没有目标的决定。在之前的例子中，显然，最终的决定（购买全价鞋）就是建立在完全不会实现的最初决定（购买打折鞋）之上的。

我们会在第四章提到第三种现象，这种现象有个耐人寻味的名字，叫作“门槛效应”。这一现象也牵扯到两次连续的决定，因此与启动效应和诱饵手段属于同一类型。不过我们还是要先用理论来分析一下以上提到过的现象，以此来满足部分读者的好奇心。接下来，为了让大家更好地理解本书中提到的操控手段，我们将提供一些理论依据。

第三章

# 理论分析

前文中出现了一个我们一直没能具体阐释的概念，这就是“对决定的坚持”。这到底是什么意思呢?

我们首先来区分一下哪些决定能够产生坚持的效果，哪些不能，然后就能够很容易地理解这一概念了。我们回过头来看一下西奥迪尼和他的同事们所做的第一个关于启动效应的实验（1978 年）。实验人员将实验对象分为自由选择组和受迫选择组。在自由选择组中，实验对象起初可以自由选择自己想参加的测试，因此他们对决定的坚持反应非常强烈;而受迫选择组中，在实验人员施加的压力下选择了某一项测试的学生则不然。

这一发现非常重要:同启动效应一样，它所显示出来的坚持态度建立在人们对自己所做决定的参与度的基础上，这也反映出了自由感独特的重要性。

我们在之前已经说过，人们在情境影响下做出了与自己信念相悖的行为时，会凭经验而采取某种立场来努力证明自己决定的正确性。然而这种做法的先决条件是，最初那个决定是完全自由、自愿做出来的，也就是说他们在做决定的时候至少感觉自己是自由、自愿的。不少科研文章都给这一理论提供了实例，在这些实例中，当一个人带着上述自由感做出某个行为时，他之后的行事和思维方式与没有自由感的人是完全不同的（见博瓦与儒勒发表于 1996 年的文章及博瓦发表于 2013 年的文章）。

## 参与理论

第二次世界大战结束后不久，科特·列文发现了锁定效应，并本应能够据此得出参与理论，可他却英年早逝了。因此，直到 20 世纪 70 年代初，查尔斯·凯斯勒才奠定了所谓“参与心理学”的理论基础（1971 年）。这一与“参与”有关的概念乍一听起来比较好理解，却不太好从理论角度进行阐释。凯斯勒给出的定义虽然比较粗浅，但却明晰而实用：“参与”仅仅是个体与其行动——凯斯勒称其为“行为行动”——之间的一条纽带。

我们从这一定义中可以得出两个结论。

第一个结论可能有些匪夷所思：只有通过行动，我们才能参与。也许凯斯勒是为了强化行动在读者脑中的印象才发明了“行为行动”一词。我们并非是通过我们的想法、感觉、我们脑子里或者心里的东西来参与的，而是通过实际行动，即别人能够看得见的行为来参与的。

第二个结论就好理解得多：我们通过行动来参与的程度有深有浅。个体与其行为之间的纽带并不是一刀切的。

即便我们都做出了同样的行为（如所有学生都选择了测试A），只要当时所处的情境不同，就会出现有人参与度高（自由选择组），有人参与度低（受迫选择组）的情况。此外，还有参与度根本不受其行为影响的情况。比如，有人用武器逼着你说出某些话，在这种情况下，你是完全没有自由可言的，就不会参与到自己的行为中去。

然而，这条与“参与”有关的纽带代表的到底是什么呢？社会心理学家们创造了很多参与度高的情境，将它们与参与度低甚至为零的情境进行对比，得到的结果还是信息量很大的。下面我们就来看一下他们是如何“操控”[①]参与度的。

第一，在某些实验中，社会心理学家通过一个行动的个别或普遍特性来操控参与度，比如当你要做一件事情的时候，如果你是当着别人的面或者暴露自己的身份后做的，那么你对这件事的参与度就比背着人或者匿名做的要高。设想一下，某个慈善组织的成员想让你在一份请愿书上签名。你对请愿书的内容表示赞同，于是你签了名。那么，如果对方要求你把自己的名字、住址和职业也写上去的话，那么你对这封请愿书的参与度就会比他只让你签个名的情

① “操控”一词在这里取的是其在科学上的概念：为变量A制造不同的状态，以研究其变化对变量B的变化所产生的影响。也就是说，科学家们通过操控变量A来观察变量B的变化。

况要高。

第二，在另外一些实验中，心理学家们会要求实验对象多次重复或者只做一遍某个行动，以此来操控参与度。也许你们已经猜到了，多次重复这一行动要比只做一遍造成更高的参与度，不过这一行动对实施者来说应该是一个没有太大重要性的行动，比如常见的行动。你的邻居跟你借一个梯子，于是你借给了他。一次，两次，三次……到了第无数次，你对这种邻里互相帮助的行为就会比第一次有更高的参与度。此外，如果你第二次拒绝了你的邻居，就要比你第七次才拒绝他更能让他理解你的意图。第二次拒绝，对方会明白，你第一次只是破例借给他而已。可如果第七次或者第八次才拒绝，给人的感觉就是你改变了自己的习惯，同时也意味着邻里关系发生了变化。

第三，心理学家们还会利用某一行为的不可撤销性来操控参与度。也就是说，他们会让实验对象感觉到自己有/没有在做出某个行为后再反悔的可能。如果消费者知道自己可以在七天内随时退货，即撤销自己的购买行为，那么他在购买行为中的参与度就相对来说比较低了。

第四，心理学家们会通过某种行为的成本高低来操控参与度。如果你把自己的汽车借给别人，你的参与度当然就要比把自行车借给别人高。月薪 3500 元的人买平板电脑的时候，参与度一定比月薪连 1700 元都不到的人低。

最后一种操控参与度的方法是对个人做出某个行为时的自由感进行调整。调整自由感的方法很多，最典型的方法就是告诉一部分人他们可以自由决定做或者不做别人让他们去做的事情，再告诉另一部分人他们必须去做别人让他们做的事情。语言就完全可以制造出不同等级的自由感（一些人觉得自己是自愿行动的，而另一些人觉得自己是被迫行动的）。但出人意料的是，那些自称“自由、自愿”的人所做出的行为与自称“受迫”的人毫无二致，前者的数量甚至多于后者。[①] 另一种调整自由感的方法是引入外部条件限制。我们之前提到过几种武器，但是研究人员可没有企业管理者或者培训师那么喜欢使用“负强化”，比如拿枪顶着头、炒鱿鱼或者扇耳光一类的威胁。研究人员更喜欢使用“正强化”，即奖励、奖金或者红包。他们通过实验得出了一个令人疑惑并且完全违背直觉的结论：奖励和惩罚对操控参与度来说效果是一样的。更确切地说，期待的奖励与害怕的惩罚越大，参与度越低，反之则越高。

想象一下这个场景：一位父亲和他 9 岁的儿子在散步。父亲希望儿子更勇敢一些，正巧，他们站在一座桥上，从这

① 第五章中会讲到这一名为“您完全可以”的操控术。

里跳下去的话会是一种很好的心理训练，而且也不会有什么危险。那么父亲可以使用以下四种办法劝说儿子：

1. “孩子，你要是能跳下去的话我会很高兴。不过这当然要看你了，你想怎么做就怎么做。”

2. “孩子，跳下去给我看看。如果你不跳的话，这周日就不能和朋友一起去看电影。”

3. “孩子，你要是能跳下去的话我会很高兴。如果你跳了，我就给你买一支草莓冰激凌。”

4. “孩子，你要是能跳下去的话我会很高兴。如果你跳了，我就给你买一辆自行车。”

假设这四种方法都有效，孩子在这四种情况中都跳了下去，参与理论学者会宣布其中两种方法在孩子的勇敢行为（跳下桥）中制造了很高的参与度。很明显，他们指的是第一种和第三种。在这两种情况中，父亲都只是给孩子最微不足道的理由——最小的压力和最小的奖励——来促使他跳下去，从而看到自己乐于看到的结果。如果孩子想知道自己跳下去的原因，至少他从父亲的态度里是找不到（或者很难找到）原因的。而在第二种和第四种情况中，父亲给孩子的是非常强烈的理由——极大的威胁和极大的奖励，这两种方法没有另外两种更能提高参与度。这一次，如果孩子想知道自己跳下去的原因，那么就可以将之归功于父亲的威胁或者许诺了。非但如此，极大的威胁和极大的奖励还能够变成降低参与度的因素，各位读者最好注意一下这个问题。

## 关于自由感

上述例子中，如果四种方法均可以让孩子从桥上跳下去，那么我们应该可以从中找到关于自由感的论据。有人会认为，孩子确实很害怕跳下去的话，那他对微不足道的理由（让父亲高兴或者得到一支冰激凌）应该是很不敏感的。如果这个观点成立，那么参与的概念就失去了很大一部分意义，因为这世上只有极少数人为了图自己高兴而不计报酬地去做事，所以，在既无压力又无动力的情况下，明明讨厌从桥上跳下去，讨厌整理房间，讨厌写作业，却还是毫无所求地做了这些事情，这样的孩子几乎是不存在的。

我们有两个很好的论据来证明我们结论的合理性。

第一个论据纯粹是建立在经验之上的。在众多将自由选择组（给予实验对象强烈的自由感）与限制组（给予实验对象压力感）进行对比的实验中，实验对象的表现与上一个例子中得出的结论是一样的。例如，实验人员邀请两组实验对象品尝烤蚱蜢，第一组为自由选择组，第二组为强制命令组。结果，第一组中满足实验人员要求的人并不比第二组的人少。[①] 烤蚱蜢其实算不上社会心理学家们的新花样，不少非常“有教养”的人，即便只能从实验中获得极少的报酬，也会完全自愿地接受或者执行非常痛苦的电击，公开发表不道德的言论，在摄像机前面口是心非，不吃不喝或者戒烟，等等。

1969 年，津巴度曾认真研究了 15 个左右的此类实验，实验人员将来自社会各阶层的实验对象分为自由选择组与限制组，分别让他们做出违背他们信仰或者动机的行为。可以看出，这些实验中涉及的行为都是实验对象不会自发去实施的行为，就像上一个例子中的孩子，如果他自己一个人在桥上是绝对不会主动往下跳的。然而，津巴度发现，自由选择组中同意做出要求行为的人数并不比另一组少，在两个实验组中，几乎所有人都按照实验人员的要求去做了。这一结果也出现在了针对儿童的实验中。本书的作者之一（博瓦，2001 年，实验 1）曾经让

---

① 自由选择组是实验中常见的分组形式，这一形式可以让读者更好地理解社会心理学家们是如何为实验对象创造出自由感的：“您当然没有义务去做我们想让您做的事情，您完全可以自由地选择接受或者拒绝，决定权在您手上。”

学前班里刚满 6 岁的儿童品尝一种味道很糟糕的汤。孩子们被分为两组，一组可以自由决定是否品尝（自由选择组），另一组则必须品尝（无选择权组）。在两组中，拒绝品尝的人数虽然都很少（不到 20%），但基本持平。20 世纪 60 年代中期，某些社会心理学家（如凯利，1967 年）提出了“自由的幻觉”这一概念。他们认为，如果实验对象真的是出于自由意志选择的话，他们会做出不同的行为，即拒绝实验人员对他们提出的要求。而笔者更愿意将之称为一种“自由感”，我们可以将这种感觉划分出不同的等级并对其进行定性。

第二个证明我们结论合理性的论据则是建立在理论基础上的。我们来思考一下，为什么自认为自由的人会做出和受迫的人同样的行为？一个人出于自愿去完成有悖于自己当下的态度、品味或者利益的行为，其实只是因为这些态度、品味和利益对完成这一行为来说并非决定性因素。因此我们要认识到，在上述实验中存在着更加强大的决定性因素，而这种决定性因素要从实验人员和实验对象之间的权力关系中去找，比如之前例子中父亲与儿子的关系。实验人员尽管嘴上说可以自由选择，却还是让实验对象去接受令人不快、痛苦甚至是违背道德的任务。至于实验对象，他们深谙游戏规则：我们到实验室来不就是要按照实验人员说的去做吗？学生通常是最听话的群体（博瓦，2013 年），因此，实验室里，教师—实验人员与学生—实验对象之间的权力关系就和大学阶梯教室中的师生关系一样了。

不得不承认，权力的行使有着非常精妙的手法，在父子关系中也是如此。父亲希望孩子从桥上跳下去，孩子很清楚这一点。在此类亲子教育过程中，如果想让孩子跳下桥，一句教导有方的建议（“你想怎么做就怎么做。”）并不比棍棒教育的效果差。这样一来，孩子在服从父亲的时候心里会保有一种自由感。当我们被引导着去做有悖于我们信念与品味的事情，去完成代价太大以至于我们从不会自发去完成的行为时，我们的服从中蕴含着一种很强烈的参与感，笔者将这种服从称为“自由选择服从”。在这种多少有些矛盾的情形中，我们似乎是自愿选择去完成某一行为的，而当我们没有受到巧妙的引导或者明显的强制时是绝对不会自发去完成这一行为的（儒勒与博瓦，2009 年）。

现在我们已经了解了社会心理学家们操控参与度的各种方法，也就能够更好地理解参与度的本质与凯斯勒赋予它的定义。我们已经知道参与度建立在行动的普遍特性、不可撤销性、高成本性、重复性上面，尤其建立在行动中的自由感上，而这种自由感与各类环境压力的强弱有直接关系：奖励的缺失（或者承诺较高额的奖励）以及惩罚的缺失（或者威胁较重的惩罚）。无论以何种标准来看，真正定义某一行为的是其与行为人的社会性关联。换句话说，一个人的行为参与度是与他同这一行为同化的程度紧密关联的。

我们关心的是目前最热门的社会心理学理论的核心，因为正是它们的核心解释了一个人和其行为的同化是怎么一回事。通过对核心的研究，我们可以得出以下结论：

- 个人无法否认其行为；
- 个人要对自己的行为负责；
- 个人必须承认与其行为之间的关联；
- 个人无法把行为的动机归因为自身以外，也就是说，他只能被迫从自身找原因，等等。

我们之所以要谈个人 / 行为同化问题，是为了论证我们的观点。我们很清楚，日常生活中的思维模式很容易把个人与其行为混为一谈。我们在前文中已经证实过（博瓦，1976 年；博瓦与儒勒，1981 年），在日常的学习工作中，我们在对某件事进行评价时所采用的思维模式会将个人价值与其行为价值同化，即我们会认为一个人的价值与其在学习和工作中做出的行为的价值是一样的。这种错误的同化具有很大的隐蔽性，因为个人的价值几乎不会通过价值的语言体系来体现，而是通过行动、能力、动机等具有描述性的心理学语言体系来体现的。一位出色的记者兼作家在其一部具有划时代意义的作品中对个人与其行为之间这种具有隐蔽性的同化进行了精彩的分析，而精神病医生或者心理学法医是很难做出类似的分析的。吉勒·佩罗在其小说《红套衫》中批判了针对克里斯蒂安·拉努奇[①]的心理鉴定，认为这一鉴定的逻辑完全错误。那么到底何为正确的心理鉴定呢？经过专业分析后，宣布犯人的人格能够或者不能用来解释其犯罪行为，这就是正确的心理鉴定。然而拉努奇事件中的情况则完全相反：专家们是从拉努奇的行为出发来分析他的人格的。是行为解释了人格，而非人格解释了行为。我们可以想见，这样一种思维模式会造成多大的审判错误，因为原则上来说犯人只可能有一种人格，司法机关也应该从这种人格出发来分析其犯罪行为。[②]

这种多少有些扭曲的思维模式是建立在将个人与行为同化的习惯上的，人们在对某件事情或者某个人做出评价时特别容易表现出这一习惯。一个参与度很高的人就很容易被别人与自己的行为同化，连他自己也会这么认为，任

---

① 拉努奇是法国最后一位被执行死刑的犯人，他被控于1974年6月3日绑架并谋杀玛丽-多洛雷斯·朗布拉，并于1976年被推上断头台执行死刑。——译者注

② 这种具有隐蔽性的错误同化并不是必然的。在鉴定学方面，完全可以采用如下方法：给鉴定专家一定数量的资料，每份资料里均有心理测试的结果记录、谈话记录等，鉴定专家会在并不知道哪一份是犯人的资料的前提下对这些资料进行分析。

何人都会这么认为。

现在我们就可以回过头来看看参与度的定义了。我们在其他作品中（儒勒与博瓦,2009 年;博瓦,2011 年）曾经给“参与度”一词下过不同于凯斯勒的定义。单从概念的角度来看，我们给出的定义更令人满意:“在给定情形中，当行为的完成只能归因于实施该行为的人时，参与度是与这种情况成正比的。”更确切地说:“在给定情形下，当行为的完成能够让行为与实施该行为的人互相区分时，参与度是与这种情况成正比的。”（儒勒与博瓦，2009 年）

## 参与效应

我们首先来区分一下两种表现出很高参与度的行为：与我们的思想或者动机高度相符的行为（如在一份我们确实持赞同态度的请愿书上签名；帮助他人等）和完全有悖于我们的思想或者动机的行为（如公开为某个我们并不赞成的立场辩护；同意禁食等）。我们管前一种行为叫“无问题行为”，管后一种叫“问题行为”。很遗憾，社会心理学家们未能对参与的效应进行透彻的分析，而且他们总是将两种行为分开进行分析。[1]在掌握参与性行为的所有效应之前，我们仍然需要进行大量的实验，不过我们现在已经能够得出这样的结论：无问题行为的参与度，其效应在于使行为及所有与之有关的东西（包括行为与意识两方面）更能抵御住变化；而问题行为的参与度则会促使人们调整自己的意识，让行为趋于理性化。[2]对问题行为参与度的效应研究曾经只局限于思想、信仰与主张的层面（专家称之为"认知层面"）。因此，研究人员观察到，如果一个人在自由或者说参与度高的情况下，被引导着发表了一番与自己的立场截然相反的演说（如支持同性婚姻），那么他在之后的展开论证中会修正自己的

---

① 这个现象有一定的历史原因。对问题行为的研究始于20世纪50年代初，并且是建立在费斯廷格的认知不协调理论（1957年）基础上的。该理论在20世纪60年代占有统治地位，至今仍然是社会心理学科中被广泛引用的理论（博瓦与儒勒，1996年；哈蒙-琼斯与米尔斯，1999年；富万提亚、吉朗多拉与高斯林，2013年）。对无问题行为的研究出现得要晚一些，而且没有被放在与人之不协调同等的地位进行研究。参与理论（凯斯勒，1971年）出现得更晚，并且没有将之前的各种研究进行归纳总结。具有一定专业知识的读者也许会对本书中我们进行归纳总结的步骤更感兴趣，各位可以参考《步骤与意识形态》（博瓦与儒勒，1981年）和《自由选择服从》（儒勒与博瓦，2009年）。

② 理论上说，问题行为的参与度也会对行为产生影响。目前我们掌握的实验数据虽然不多，但仍然能够证明这一点。本书作者之一称之为"行为中的合理化"，这一过程能够使问题行为的实施者通过实施一个问题更大的行为来使自己之前的问题行为变得合理（儒勒，1996年）。我们在第七章会谈到这一点。

立场[①]（如本来不同意同性婚姻，但后来会更倾向于支持同性婚姻）。同样，研究人员也观察到，一个人被引导着完成某项非常枯燥的工作后，也就不觉得工作真的那么枯燥了。这是社会心理学的一个大课题，本书作者在其他作品中曾对此进行过研究（博瓦与儒勒，1981 年；儒勒与博瓦，2009 年；博瓦，2013 年）。

针对无问题行为参与度效应的研究则在行为方面与意识和认知方面都有所发展。

在行为方面，无问题行为的参与度能够造成两种效应。首先，它可以使行为随着时间的推移变得更加稳固，此外，它还可以引起更多往同一方向发展的行为，更确切地说是在同一行为进程中——某些研究人员称之为同一组行为——引起其他行为。假设你完全出于自愿同意周日陪朱莉去海滩，而你之前已经决定在周日那天看法网男单决赛。

---

① “立场”在这里指的是一个人对某事或者某人（如堕胎、共和国总统等）的总体态度。我们常用赞同或者反对来描述一个人的立场（如赞同、反对、基本赞同、基本反对堕胎）。事实上，立场涵盖了一整套知识（我知道堕胎合法化并没有影响每年堕胎的人数）、看法（我认为应该把堕胎纳入到社会保险中去）以及信仰（我认为堕胎和基督教是势不两立的）体系。对立场的评估可以有很多方法，最常见的是分级制度，即让一个人在两个极端中为自己的立场定级。比如，我们先摆出一句态度极端的判断：堕胎只是一种医疗手段而已。然后让被试者对这一判断的可靠性进行评分：

| −3 | −2 | −1 | 0 | +1 | +2 | +3 |
|---|---|---|---|---|---|---|
| 完全不同意 | | | | | | 完全同意 |

这一行为（陪朱莉去海滩）可以派生出不同的理由，所有理由又都能导致同一种行为结果：你也许会觉得自己确实需要呼吸新鲜空气，也需要锻炼一下身体，游游泳总是好的；你也可以告诉自己，为某个年龄段的单身女性提供心理上的支持是应该的；你还可以认为，综合考虑一下的话，尽管朱莉已经年过四十，她对你还是有点意思的，或许……如果行为中占压倒性优势的理由是这三条的话，你的参与度就不会引起同一方向发展的行为。事实上，最终压倒所有理由，并且起决定性作用的是你决定陪朱莉去海滩的那一刻。如果起决定性作用的是上述几种理由的话，那么你的参与度只会将你的行为引向其他发展方向，如第一种理由会让你今后多做运动，第二种理由会让你更关心朱莉的一举一动，第三种理由则会让你邀请朱莉去你家吃晚饭。

因此，仅仅通过一个铺垫性的行为就想让参与度顺着你的意思走是不够的，还需要让行为和参与度完全相符才行。接下来我们会发现，做到这一点并不难，简单几句话就够了。

无问题行为的参与度可以使行为变得更加稳定，这一结论无可厚非，它与我们之前一直在研究的对决定的坚持有异曲同工之妙。我们再来简单回顾一下西奥迪尼和他的同事们做过的启动效应实验，实验对象要在两个测试中选择一个来参加，他们被分为两组，一组是自由选择组（即高参与度组），另一组为受迫选择组（即低参与度组）。第一组实验对象在得知自己选择的测试也只价值1个学时后仍然坚持了自己的决定，而第二组实验对象则改变了自己最初的决定，选择更有趣的那一项测试。对于自由选择组中产生的这一启动效应，我们已经用对决定的坚持理论来进行了解释。而我们在本章中讲到的参与度概念则能够以一种更令人满意的方式（从理论角度上来说）解释这一现象：自由决定这一情形为决定行为（决定参与某项测试）注入了参与度；当情况有变，决定行为无法再带来预期的利益（2学时的学分）时，由于有了较高的参与度，该决定行为仍然能够保持稳定。

参与理论同样可以用来解释“参与行为升级”、盲目消费、“怪圈”现象以及诱饵手段，在这些现象中，参与度均使行为在面对变化时保持稳固。

至于无问题行为参与度的第二个效应，即在同一行为进程中引起其他行为，我们会在后面的章节讲到。我们已经知道，一个低成本行为，哪怕在实施过程中只带有一点自由性，也能够在接下来引发一连串高成本行为。有不少营销手段就是倚靠了参与度的这一效应。如果你以低价购买了一套DVD中的第一张，你就很有可能在日后花高价购买全套DVD。这就是“门槛效应”的原理，也是下一章的主要内容：通过一种低成本行为来引发之后的高成本行为。现在我们来看一下无问题行为参与度在认知方面的效应，即意识形态方面的效应。

## 从行为到立场

我们先抛出一个已经被证实的结论吧：即便无问题行为参与度没能改变与行为相关的立场，它也会使立场在面对各种影响和可能出现的变化时表现得更坚定。比如，参与度没能改变种族主义者在其某个种族主义行为（比如在宣扬种族主义的请愿书上签名或者散发宣扬种族主义的宣传册等）中的立场，但是它能让这名种族主义者在面对反种族主义言论或者任何质疑种族主义的信息时表现得更坚定。我们在行为实施者身上还观察到，当他们的信念受到语言上的攻击时，会产生一种“反向效应”，也就是说，他们会将自己的立场朝着更极端的方向进行调整。因此，如果我们抨击一名种族主义者的立场，很可能会使他变成更加坚定的种族主义者。凯斯勒就注意到了这种反向效应。1977 年，他曾经进行了一项实验，选择了一批支持在教学大纲问题上实行学生与教师共同管理模式的学生，当然，实验开始之前，实验人员对学生们的立场进行了确认，随后要求学生撰写一篇宣扬这种共同管理模式的文章，一部分学生只能得到可怜的50美分的报酬，另一部分则更多一些，可以得到2.5美元。这种安排造成了两种程度的参与度，现在我们已经能够猜到，参与度更高的恰恰是报酬更低的那部分学生。过了一阵子，实验人员又将所有学生置于一种“反宣传”的情形中，让他们读一篇猛烈抨击这种师生共同管理模式的文章。学生们读完后，凯斯勒对他们在共同管理模式问题上的立场重新进行了评估，观察他们的立场是否发生了变化。可以想见，“反宣传”在报酬较少的学生身上和报酬相对较多的学生身上产生了不同的效果。报酬较高（即参与度较低）的学生受到了文章的影响，将自己的立场朝着反宣传的方向进行了修正，甚至在实验结束后真的不再那么支持师生共同管理模式了。这里展示的就是最经典的一种说服效应。相反，报酬较低（即参与度较高）的学生却抵制住了反宣传的攻击，非但如此，他们还将自己的立场朝着更极端的方向进行了调整（反向效应）。实验结束后，他们更加坚定了对师生共同管理模式的支持。我们在以上实验中观察到了反向效应，也在更普遍的意义上观察到了参与理论针对无问题行为实施者所做出的预测结果，即以下认知方面的结果：无问题行为实施者面对后期的侵犯与攻击时表现出了更坚定的立场。

现在我们已经了解到参与度在无问题行为中可能带来的认知方面的结果，不过我们仍然不明白其中的心理过程。我们在此提出三种假设，这些假设互相之间并不矛盾，并且非常符合心理学实验数据的结果。

第一种假设建立在以列文、费斯廷格、谢里夫、莫斯科维奇等为代表的传统社会心理学基础上。传统社会心理学致力于研究个人与其社交圈之间的关系折射出的知识（学识、观点等）形成过程，这种研究通过“热认知”来实现，即将知识形成的过程建立在动力、动机和价值基础上并加以研究。我们的第一种假设认为，当个体做出的行为与某种新的立场发生冲突时，这一行为的参与度会使个体对冲突造成的立场不坚定倾向更加敏感。此时，个体会倾向于避免自己的行为与立场发生任何冲突，这也就解释了个体面对变化时的抵制态度。

下面的两种假设属于认知方面，它们是建立在最新的社会心理学理论基础上的，即认知社会心理学。近半个世纪以来，认知社会心理学一直紧跟着认知科学的脚步并得以迅速发展起来。

为了让读者更好地理解接下来的两种假设，我们会使用一种某些心理学家有时会过分认真对待的比喻。我们将个体比作电脑，在其固定存储器中存有一系列的认知元素：各种概念以及将它们建立起联系的信息、知识、观念等等。

并不是所有元素都具有同样的可存取性，因此某个特定的行为只能激活存储器中某些特定的元素。

第一种认知假设认为行为的参与度会对存储器的结构进行调整，尤其会对与该行为相关的元素的结构进行调整。行为完成后，便会在存储器中添加一个新的元素，从而改变存储器中各种概念的关系，让它们围绕这一行动进行重组。因此，凯斯勒将行为的表现视为一种元素，围绕这一元素，各种信息、知识、观念等都会进行重组。这些信息、知识、观念等统称为“认知宇宙”，也就是比喻中的固定存储器。这样一种认知重组过程在无参与度或者参与度较低的人身上是不会或者几乎不会发生的，这样一来，无参与度或者参与度较低的行为便被弃置在我们记忆的某个角落，而且只是短期记忆的一角。

第二种认知假设认为行为的参与度有时并不会对存储器的结构进行调整，而是对与该行为相关的认知元素的可存取性进行调整，简单点说，就是对立场的可存取性进行调整。这一假设意味着以下两点：首先，它意味着行为的实施者可以很轻易地在存储器中找到与该行为相关的信息、知识、观念等。社会心理学家们对这种认知宇宙中元素的可存取性有各种不同的叫法，比如，某种元素被突出出来，或者某种元素被置于可用状态等。其次，这一假设还意味着，如果个体的行为与其某个立场相符，那么个体会觉得，当这种行为或者类似行为发生时，它所对应的立场能够更轻易地浮现在自己的意识中。

以上两种认知假设和第一种假设一样能够让我们更好地理解无问题行为参与度的效应，我们在证实反向效应的实验中已经看到了相同的结果：围绕某一行为进行的认知宇宙的重组，概念（这里指与行为相关的信息、知识、观念等）以及立场的可存取性，这几方面会帮助个体更好地抵御针对其观点和行为的攻击。[①]

现在该对关于参与度的几个理论观点进行一下总结了，我们希望这些观点能够让各位读者更好地理解本书中所提到的操控技巧。操控技巧是否有效主要还是看参与的过程，这种观点可能会有些出人意料，毕竟“参与”一词无论是在日常生活用语还是文学、政治等方面的用语中都具有比较积极的含义。除非行为实施者参与的是某种卑劣的勾当或者处在敌人的位置，通常情况下参与行为的实施者只会引起他人的赞赏或者尊敬，不过这样的话又要牵扯到洗脑和灌输思想的问题了。笔者在主讲各种讲座时曾经无数次看到，听众们在得知“参与”这一具有高尚含义的

---

① 这种说法并非无中生有。我们知道，对劝说性质行为的抵御实际上是一种积极的反抗过程，是通过进行隐晦的反驳和组织认知层面的回答来实现的。任何挡在反驳行为前面的障碍（如以劝说的形式来要求个体进行心算或者审核某部吸引人的默片）都能够提高劝说的效力。

概念会同各种阴险的行为联系在一起时会表现出吃惊甚至是尴尬的态度。然而我们口中的“参与”并非路人甲或者作家的“参与”，也不是政治家或者工会负责人的“参与”。我们刚才已经了解到个体如何被动参与到行为之中，注意，我们说的是“被动参与”，而路人甲、作家、政治家或者工会负责人常说的是个体“主动参与”到某项事业中。这两种说法之间的区别可能很细微，但却是两点本质上的区别：

**被动参与和主动参与的对立**

如果对20世纪50年代以来公布的研究数据进行一次全面考查的话，我们会发现，在实验中，从来都不是个体主动参与到行为中，而是实验人员先为行动的实施创造出各种情境，再使个体参与或者不参与到行为当中去。总之，是否有参与度都是行动的情境说了算。因此，懂得如何为某个行为设定情境以便使行为具有参与度的人能够轻而易举地从行为产生的行动或者认知方面的结果中获益。

比如，一家中型企业的培训负责人找来一位独立的培训师，希望他能够就人力资源管理对公司的11名部门主管进行培训。这次培训是公司的一项计划，这一点大家都知道。培训师考虑得非常周到，他首先认为不应该让任何人感到这项培训是强加给他们的。这样做反正也不会有什么风险：公司的高层已经针对这项计划施加了一定的压力，部门主管们本来就不太可能冒险拒绝培训。随后，他决定让受训者们自由地为本次培训制定目标，这样做也不会有什么风险，这些部门主管同样不会冒险制定什么出圈的目标。

我们可以通过两种完全不同的方式来分析培训师的做法。我们首先可以猜测，这位培训师是一位年龄偏大，同时也非常讲求民主的人，非但不喜欢下命令，甚至还很倾向于让受训者自治。另外，他的老师们很可能受到了法国心理学（拉帕萨德、阿尔杜伊诺、莱维、安立奎、洛布罗、鲁奇等）的熏陶，这也影响到了他自己。不过我们并非要从这一角度分析培训师的做法。我们首先要突出强调的一点是，几乎不会有部门主管会拒绝参加培训；其次，也几乎不会有受训者会选择——哪怕完全出于自愿——荒谬的培训目标，因为他们心里非常清楚培训负责人和培训师想让他们获得哪些知识和技能（或者是“做人的技巧”）。可以说他们完全被放在一种“自愿屈从”的情境下，培训师所使用的手段就是创造这种情境，让它们最大限度地提高受训者的参与度。总之，就是让部门主管们自由地选择参加他们其实无论如何都要参加的培训，并自由地选择其实早已在公司计划中制定好的培训目标。我们由此推断，在上述参与度很高的情境中，大部分培训目标其实已经实现了。

综上所述，被动参与和主动参与的区别就在于情境所扮演的角色。参与度是由情境产生的，它仅仅是“情境手段”的结果，而操控者很乐于通过这种手段来达到自己的目的。[①] 至于操控者是谁，他可能是我们刚刚提到的培训师，可能是我们这样的大学研究人员，还可能是企业的领导或者管理者。

### “被动参与到行为中”与“被动参与到事业中”的对立

这一组对立和上一组同样重要，不过它不需要太长的篇幅来说明。它涉及我们对个体的理解方式：一面可以通过行为来理解个体，一面又可以通过思想（包括信念、看法、信仰等）来理解个体。我们之前已经强调过为各种实验及本书中提到的操控技巧提供基础的行为规模。通过其思想来理解个体，由这一思路产生的便是典型的劝说型操控技巧，不过这类技巧的效果相对较弱。不过，仍然有些资深的操控者会让他人对自己的所思所感进行分析，并为此创造一种参与的环境，以确保分析的有效性。我们可以大胆地推测，这种让他人分析自己所思所感的行为其实只是为了分散他们的注意力，因为此时操控者正在引导他们做出

---

① 我们将在第八章和第九章中再讲到这种教育工作者、咨询师，尤其是商人与企业管理者常用的手段。

各种微小的行为（比如填写一份表格，在日程表中选择某几项去完成，组建一支设计团队，戴上一枚徽章，在一份请愿书上签名，等等），从而引发较大的行为，最终达到操控者的目的。不过……

第四章

# 门槛效应

## “被引导着”做好事

每周六上午，O 夫人总会忙得不可开交。在这一天，她既要做家务，又要为下一周进行采购。遗憾的是，AMZ[①] 上并不是什么都能买得到。这个周六，O 夫人依旧没有破坏老规矩。早上 7 点她就开始擦玻璃了；8 点，边吃早饭边给客厅里的植物浇水；9 点，擦完了地板；10 点，痛痛快快地洗过澡后，她就奔向超市。幸运的是，她在前一天把已经坏了半个月的车提了回来。[②] 她刚要发动汽车，一个年轻人彬彬有礼地问她是否可以占用她两分钟时间。她当然不愿意浪费时间，可是人家那么有礼貌，O 夫人也不好意思拒绝。而且年轻人还没等 O 夫人回答就接着说道：

“我们正在号召附近的居民反对近期一处环岛的建设计划，这个环岛会破坏整个多尔摩斯南部的地形，对交通也完

---

① 多尔马蒂电商行的领军品牌。

② 修车成本：4800多尔马蒂元（700多欧元）。这笔钱太让O夫人心疼了，尤其是这笔钱花在了近期刚刚换过的电瓶和几个月前才换过的离合器上。她到底什么时候才能下决心把整辆旧车换掉？

全没有缓解作用。我想您应该已经知道这件事了吧？”

O 夫人想起当地媒体确实多次报道过这项计划。年轻人接着说：

“这个环岛会彻底毁掉我们美丽的河岸，而且会造成教堂广场区域的永久性交通阻塞，以后要去教堂做祷告可就麻烦了，这您同意吧？”

O 夫人只能对这些头头是道的观点表示赞同。于是在年轻人的一再坚持下，她在他递过来的请愿书上匆匆写下自己的姓名和地址，然后签了字。

10 点半，她终于到达了超市的停车场。这一次，她找到了一个树荫下的车位，附近还刚好有一辆手推车。不远处瓶子摔碎的声音吸引了她的注意，一个笨手笨脚的女人不小心把购物袋里的东西撒了一地。“真够笨的！”O 夫人一边暗想一边加快脚步走向商场的入口。她在超市里轻车熟路，对货品的摆放位置了如指掌。不到一个小时，她就完成了购物。随后她又绕到了肉制品柜台——差点忘了买丈夫最爱吃的驴肉肠。接下来找到人最少的收银口结账就可以了，在周六的上午这并非易事，不过此时刚好有这样一个收银口，她前面有四个人。

“您可以帮我占一下位置吗？”她前面的一位矮小的老太太问道，“我忽然想起来忘了给我的小孙子买巧克力了。”

“您去吧，夫人，还来得及。”O 夫人亲切地答道。

已经快到中午了。“这个收银口赶得巧，没让我等太久。”O夫人利用节省下来的时间在商场里转了转，打听了一下茶座的价钱，挑了挑泳衣，又咨询了培植家里那株矮小型蕨类植物的好方法。到了无论如何该回家的时间了。在她对面，自动门的另一侧，一位看上去很疲劳的商场服务员把宣传单撒了一地。“怪可怜的！”O夫人对她深表同情。她毫不犹豫地丢下自己的手推车，跑过去帮可怜的服务员捡宣传单。

下午2点，O夫人终于可以在新买的沙发上好好歇一歇了。她渐渐适应了这套玫瑰色的家具。她刚要睡着，电话铃声就打破了这一刻的安宁。

“您好，请问是O夫人吗？我叫安德烈·弗努耶尔，是小区环保协会的秘书。我们希望您能帮个忙……我们想号召小区居民一起抵制南部环岛的建设计划，想必您已经知道这件事了。今天下午，我们需要一个人去亚历山大·杜布切克大道上散发传单，所以我才给小区居民打电话……当然，去不去还是由您来决定，不过如果您愿意帮忙的话那就太好了。”

“传单要发多长时间？”

“一小时就行，最多不超过两小时。”

就这样，这个周六的下午，O夫人被叫上街去发了整整两小时的传单。

## 日常中的铺垫行为，别上当

在上文中，O 夫人被引导着做出了两个重要的行为。第一个行为是在商场里做出的，我们通常称之为好事：帮助他人摆脱困境；第二个行为更具社会活动性：在小区的马路上为“正义事业”散发传单。我们刚刚说的是 O 夫人“被引导着”做出了这两个行为，这是因为我们在两个事件的进程中看到了同一种现象的原理，这就是门槛现象。商家十分了解这一现象，就像他们熟知启动效应和诱饵手段一样。门槛现象的原理就在于，先求小事，再求大事。在两种情况中，O 夫人的重要行为都是首先由一个微不足道的行为做了铺垫的。她帮助服务员的行为就是以结账时为他人占地儿为铺垫的，而参加社会活动的行为则是以在请愿书上签字为铺垫的。这些铺垫性行为都是很常见的，我们在日常生活中会主动实施这些行为，同时并不会觉得自己被卷入了什么错综复杂的事情。然而，这些行为却足以导致同性质的其他行为，甚至包括成本更高的行为。我们回过头来看一下：到了超市以后，O 夫人在有机会帮助他人的情况下（帮助在停车场打翻购物袋的人）并没有实施任何帮助性质的行为，而是在第二次机会出现的时候（散落的宣传单）才出手相助，这一次正是以她偶然在结账时帮助过一位老人为铺垫的。同理，如果她没有在请愿书上签名，即做出铺垫性行为的话，她就肯定不会同意去散发传单。这两对行为看上去很相似，不过它们之间还是有区别的。在第一种情况中，O 夫人的第二个行为并不是在他人的请求下做出的，她完全是自发地蹲下去帮服务员捡宣传单，没人要求她这样做。而在第二种情况中，她是在回应了别人的明确请求后才去散发传单的。

引导 O 夫人散发传单的一幕属于典型的“传统门槛效应”，散发传单这一预期行为是在明确请求下做出的；引导 O 夫人帮助服务员的一幕则属于典型的“非明确请求型门槛效应”，这一类的预期行为并非是在口头请求之下做出的。

1966 年，心理学家弗里德曼与弗雷泽在加利福尼亚州的帕罗奥图首次通过实验证实了门槛效应。这一系列实验更重要的意义在于它的实验对象是真正的家庭主妇。

在第一项实验中，实验人员意在鼓励家庭主妇接受一个 5 到 6 人的调查小组进入她们的家中，对美国家庭的消费习惯进行调查。实验人员事先就两个问题提醒了这些主妇：首先，调查的时间会相对较长（约 2 个小时），其次，调查人员需要能够完全自由地在房子里到处翻看，以便为家中的消费品列出一份清单。这种请求令人很难接受，所以在对照组中只有不到四分之一（确切数字为 22.2%）的家庭主妇接受了这次调查。而门槛效应则使弗里德曼和弗雷泽将同意接受调查工作的家庭主妇数量翻了一番。具体实施起来就是先让主妇们接受一次简短的电话调查（铺垫性行为），回答 8 个关于消费习惯的无关痛痒的小问题。3 天后，实验人员请求她们接受调查小组的到来。先抛出一个成本极低的请求（接受关于消费习惯的简短电话调查），引出最终属于同一性质的高成本请求（接受 5 至 6 人的调查小组），这样一来，实验人员最终得到了 52.8% 的主妇的同意。从 22.2% 到 52.8%，这样的成绩相当可观。

实验人员在第二项实验中得到的结果更加明显，这一次有 76% 的主妇同意了实验人员的请求——在她们的花园里竖一块提醒来往汽车小心行驶的大牌子。像上次一样，实验人员先引导主妇们做出了一个同性质的铺垫行为——在窗前放一块提醒来往汽车小心行驶的小牌子（约 3cm×4cm 大小），再在两周后提出最终的请求。而在对照组中，实验人员没有事先请求主妇在窗前放小牌子，结果只有 16.7% 的主妇同意在花园里竖牌子，这样一对比，就看出门槛效应的作用了。从 16.7% 到 76%，推销员和社会活动分子们要蠢蠢欲动了。

说到社会活动的问题，O 夫人的那一次经历并非前人没有体验过。早在 1971 年，凯斯勒和他的合作者们就成功地以签署请愿书为铺垫行为，让年轻女性自愿参与到高成本社会活动（散发传单或值班）中去。

## 传统门槛效应

以上实验向我们展示了传统门槛效应的操作原理：第一步，从个体那里获得一个铺垫性质的低成本无问题行为，当然，前提是首先为个体制造自由选择的环境，随后再为提高个体参与度创造新的环境。这种铺垫性行为必然属于低成本无问题行为，因为在各种实验中，完全出于自愿接受做出这种行为的人数比例一直极高，甚至经常达到100%。个体做出铺垫行为后，他人就会马上明确请求个体做出一个新的行为，这一次就是高成本行为了。而在对照组，即无铺垫行为的组别中，大部分实验对象[①]会拒绝接受这种行为。

门槛效应再一次验证了个体对决定的坚持，通过自由选择被动参与到行为中的个体会更容易接受随后到来的、属于同一性质的高成本请求。在门槛效应的整个过程中，

① 约三分之二。这一数字是由德容对31次科学研究进行统计后得出的（1979年）。

属于同一性质的行为（如社会活动行为与互助行为，很可惜，犯罪行为也如是[①]）体现出了个体对自己决定的坚持，这使我们想起了“参与行为升级”中同样的现象。不过，门槛效应同参与行为升级之间有一点重要的区别。在门槛效应中，个体的新行为发生了成本上的变化；而在“参与行为升级”中，个体的新行为则发生了是非上的变化。

### 出于好心

尽管陆续出现了众多类似实验，但弗里德曼和弗雷泽的实验始终是门槛效应的经典。然而，他们的实验仅仅向我们展示了门槛效应的作用，即其行为上的意图。我们已经掌握了同意调查组进门或者同意在花园中立牌子的主妇的比例，但是，由于实验的深度有限，我们并没有掌握真的让调查组进门或者真的在花园中立牌子的主妇的比例。不过，话说回来，很难想象已经同意这样做的人会在最后一刻又拒绝。无论如何，弗里德曼和弗雷泽得到的同意做出行为的比例并不能被视为实际做出行为的比例。后来，有不少为市场营销人士所熟知的实验以理性行为与计划行为模式（阿耶兹，1988年）为基础，均得出了如下结论：行为意图和实际行为还是有很大差距的。尽管门槛效应的理论基础与这些实验并不相

① 偷什么都算偷，据笔者所知，目前还没有一项针对犯罪行为中参与度的实验调查。有可能是出于伦理学方面的原因。

同，但我们不得不怀疑这一效应的研究也要牵扯到实际行为。在弗里德曼和弗雷泽那次实验之后不久的一项实验解决了这个问题。这项实验是由普利纳、霍斯特、柯尔及萨里来完成的（1974 年）。此外，它还突出了此前的实验未能体现出的一个问题，而且没人能逃得开这个问题：钱。

20 世纪 70 年代初，多伦多的郊区，一位年轻的女性正在挨家挨户地宣传。她为一个抗癌组织工作，这次是希望居民们第二天能够在胸前佩戴一朵塑料的水仙花（铺垫性行为），为当天组织的募捐活动起到一点宣传作用。所有人都同意了。第二天，另外一位女性以募捐的名义将这些居民带到她家：74.1% 的人捐了钱，平均每人捐了 0.98 美元。对照组（无铺垫性行为）的情况则完全不同，实验人员没有先让居民佩戴水仙花，只有 45.7% 的人同意捐款，且平均每人只捐了 0.58 美元。[①]

我们在这里看到的是传统门槛效应的结果：为了某项事业而佩戴（铺垫性行为），影响了接下来为了同一项事业而捐款的可能性。这一结果带来的正是一个实际行为，一个完美地体现了“成本”这一概念本意的行为。门槛效

① 需要强调的一点是，在这些研究中，受试人数是非常有限的。在普利纳与其合作者的实验中，实验组只有27人，对照组35人。要知道，受试人数越少就越难得到有效的结果。当然，我们在本书中使用的均是按统计学观点来说有效的数据，均经多次实验证实。

应的作用并不仅限于提高获得捐款的可能性，它还提高了平均捐款额，实验组的捐款额是对照组的两倍！

### 一次成功的门槛效应应用

也许前面的几段给了希望从别人那里得利的人些许灵感。比如，你希望你的表姐阿弗洛迪忒能把她在乡下的房子借你用一用，因为下周末你想在那里为你的瑞典火柴盒收藏俱乐部举办一次活动。你理所当然地觉得你可以利用一下门槛效应，于是你开始思考具体的实施步骤。当然，你知道门槛效应的基本原理，但是在实践方面还存在几个小问题没有解决。各项研究为你提供了不少解决问题的办法，这些研究成了统计学家口中的“元分析”。元分析的分析对象是以同一效应为研究对象的实验数据，也就是说，它会以数十项乃至上百项实验为基础，得出具有普遍意义的结论。因此，元分析可以告诉我们实验所研究的效应是否真正得到了证实。此外，元分析还能够明确研究广度和研究条件。针对门槛效应，所有元分析均得出了同一个结论：尽管门槛效应的效果并不是很明显，但它确实是存在且有作用的（比曼、柯尔、普莱斯顿、克伦茨与斯特伯雷，1983 年；迪拉德、亨特尔与伯贡，1984 年；伯格，1999 年）。事实上，元分析倾向于弱化效应的重要性，因为研究人员总是出于理论方面的野心而非实践的需要来进行实验，因此他们不会总选择最佳的实验条件。[①]效应的强弱显然取决于实验人员得到结果的方法，有些实验人员使用的方法甚至可以得到惊人的结果，甚至比弗里德曼和弗雷泽的实验得出的结论更夸张。当然，也有些实验会得出相反的结论。不过我们还是接着说你表姐和她乡下那幢房子的事吧。

第一个问题就是铺垫性行为的成本，这一行为可以是不起眼的几欧元捐款，也可以是请俱乐部主要成员共进晚餐这样的大手笔。

很明显，成本太高的请求一定会被拒绝，更何况，根据门槛效应的规则，你还必须创造出一种自由的环境来获取她的同意。另外，你也在担心，如果铺垫性行为太不起眼的话，有可能无法产生让她坚持自己决定的效果。总之，只需要一点点参与度就够了。门槛效应专家会说，你的思路是对的。高于[②]或者低于[③]某一程度的成本都会使门槛效应彻底失去效力。接着，专家还会说，在这两条界线中间是有很大一片空间的，你完全可以做出一个合自己心意的选择。在这片空间里，任何一种选择都几乎不会影响到门

① 尽管实验结果并不是每次都很明显，但（几乎）每次都倾向于证实门槛效应的效果。

② 米勒与休，1977年。

③ 塞利格曼、布什与科茨，1976年。

槛效应的效果。数项研究结果表明，两个成本不同的铺垫性行为可以导致效果基本相同的门槛效应。[①]

第二个重要问题是铺垫性行为和期望行为的时间差。是要等到这周五晚上引出铺垫性行为，然后趁势得到你表姐的决定，还是再提前几天下手呢？专家会告诉你，至今没有实验研究过提前7~10天的铺垫性行为，因此，门槛效应是否在铺垫行为做出十多天后仍然有效就不得而知了。[②]不过，专家还会说，一定要让行为人能够把你的两个请求建立起联系来，至少第二个请求要能够让她（他）联想到第一个请求。因此，最好让两个请求在时间上比较接近，并且让它们处在同一对话环境中。不过两个请求之间相隔7~10天也能达到效果，所以，只要不超过这个期限，门槛效应都能够发挥效力。

通过对两个问题的回答，专家已经给了你很大的发挥空间。最后几个问题专家也能够帮你解决：两个请求由同一个人提出比较好还是分别由两个人提出比较好？专家会说，这一点不重要，个体被动参与的是某个行为，而不是

① 上文提到的普利纳与其合作者进行的实验就是这样，我们在文中只列出了一个实验组，在另一个实验组中，铺垫性行为的成本要更高一些，即不仅要自己佩戴水仙花，也要说服周围的人佩戴。这一组的结果（80.8%）与前一个实验组（74.1%）差别并不大，6.7%在统计学上并不是一个具有显著意义的差别值。

② 在绝大多数公开发表的研究中，铺垫性行为与目标行为之间的时间差为一到两天。

某个特定的人。[①]

接下来再问问专家，表姐做不做铺垫性行为是否真的重要，还是只要她决定做就可以了。专家的回答是，大部分情况下，只要得到她的决定就够了。比如，实验对象只要做出同意参加调查的决定，其参与度就能被调动起来，他们甚至不知道调查会在哪天进行。参与度会引导着他们去完成接下来更长也更枯燥的调查，这类调查他们通常情况下是一定不会做的。[②]本书作者之一甚至得到过这样的结果：即便事后告诉实验对象他们无法实施铺垫性行为，门槛效应照样能在他们身上生效（博瓦，2001 年）。不过专家还是会出于谨慎建议你确保铺垫性行为的发生，或者至少确认对方决定做铺垫性行为以后真的会去做。

最后，你可以问问专家，铺垫性行为和最后的目标行为是否必须属于同一性质。专家会回答说，在关于门槛效应的实验中，实验人员通常使用的是两种类似的行为。比如，为了促使大部分实验对象参加一项冗长的问卷调查，实验人员会事先邀请他们参加一项只有几个小问题的调

---

① 我们在前面已经提到，门槛效应有时是在同一个对话环境中实现的。不过这个条件似乎是可以忽略的，尤其是在同一个人提出两个请求的情况下。被操控者可能会对操控者的手段表现得非常敏感并且会对操控者说："这也太夸张了吧！"这样一来就可能产生相反的效果，即"反门槛效应"（葛达格诺、亚什、德梅恩与西奥迪尼，2001年）。这同时也是伯格的元分析得出的结论（1999年）。

② 朱克曼、拉扎罗与瓦尔哲尔，1979年。

查。然而，有些研究表明，先后提出两个性质不同的请求，门槛效应也会奏效。弗里德曼和弗雷泽那项让主妇在花园里竖牌子的实验就证明了这一点。在我们前文没有提到的一个实验组中，实验人员成功地使同意竖牌子的主妇人数翻了两番，他们所使用的方法就是让主妇们在一份主题完全不同的请愿书上签字：一份关于环境质量评估的请愿书。这样的实验结果不禁让人觉得，个体可以被动参与到一系列范围很广的行为当中，可以是互相帮助类行为、团结类行为、社会活动性行为等等。这其实很好理解。社会心理学家韦格纳与瓦拉舍于1984年提出了一个理论，我们在前文中曾经借鉴过他们的这个理论：人们总会努力给自己的行为赋予一种广泛的意义，甚至将其极度抽象化。他们认为，人们总在努力将自己的行为归入一个广泛到不能再广泛的范围里。比如，一位家庭主妇会说她正在做饭或者她正在养活家里人，而不会说她正在择菜或者正在打鸡蛋，可她确实只是在做这样的事情而已。再比如，学生们觉得自己是在为考试做准备，甚至是为自己的未来做准备，可事实上他们只是在阅读复习资料或者做数学题。似乎他们在某一特定情形下做出的行为都和其他行为一样被归到了一个大类，他们想通过这种办法来给自己的行为赋予某种意义，或者说想将自己的行为置入一盘大棋，以此来达到认识自己的目的。将韦格纳与瓦拉舍的理论应用于门槛效应后，我们就会明白，铺垫性行为是让个体参与到整个层次的行为里，而不是某个特定的行为里。所以，在弗里德曼与弗雷泽的实验中，实验人员让主妇们在一份关于环境质量评估的请愿书上签字时，她们其实将自己这一签字的行为归入了社会活动类行为（我是在为某个高尚的事业而奋斗）。为自己的行为贴上这样的标签后，可以想见，她们接下来会倾向于实施其他同样属于社会活动类的行为，为其他高尚的事业奋斗，而在花园里竖牌子提醒司机小心驾驶就是一项。我们还可以通过帮助对方将铺垫性行为归类到较广的范围来提高门槛效应的效果，比如，当对方做出无论在心理还是道德范围内都比较抽象的铺垫性行为后，我们可以给他贴个标签，来使他产生满足感。我们可以说："我真希望能碰到更多像您一样为了高尚的事业而行动起来的人。"这样的标签能够让对方自动将自己的行为归类到很广泛的范围中去，从而使铺垫性行为和目标行为都处于这同一个范围之内。不过这样的标签还有其他作用，尤其对操控者来说。我们会在后文中（第六章与第七章）详述。

为了借到你表姐在乡下的房子，门槛效应专家能给你提供一大堆可行的铺垫性行为，你可要好好挑一挑。我们冒着多管闲事的风险给你支个招，在你向表姐借房子前两三天的时候，引导她自愿把她农场里那辆绿色的老货车先借给你，反正那辆车早就没人用了。借去干什么用呢？你可以说是为了运俱乐部的录像器材。在这里给你提个小小的建议：当她说“可以”的时候，一定不要吝于道谢，给她贴个“好看”的标签：“啊，表姐，要是大家都像你这样乐于助人就好了！”这样的标签在别的地方也会大有用处（见第五章）。你完全不必担心：除非她发自内心地对周围的人充满了仇恨，否则她一定是非常乐于接受这样的奉承的。

我们不能保证门槛效应这种操控术能够每次成功，但是我们可以保证它能提高你达到目的的概率。科学中没有任何东西是“机械不变”的，所以我们必须用概率来描述一切：门槛效应手段能够提高你成功的概率，但是不能保证你 100% 会成功。实践这一手段的人必须要接受这一点，尤其他们面对的都是独立的个人，就比如临床心理学家之于病人。即便如此，门槛效应还是能发挥很大效力的（沙金、马哈里克与克莱鲍恩，1989 年）。

## 非明确请求也是操控的一种

以上的各项实验牵扯到的都是传统门槛效应，都是通过一个明确的请求来引出最终的目标行为。O 夫人正是中了这一手段的招，答应了环保协会秘书安德烈·弗努耶尔先生的明确请求，在周六那天发了一下午的传单。不过各位读者应该还记得，O 夫人还主动做过一件好事，帮助超市的服务员捡起散落在地上的宣传单。这属于门槛效应的一个旁支，我们称之为“非明确请求型门槛效应”，即不再明确请求对方完成预期行为，而是指望对方主动完成的可能性。诸多研究证实了这种新型门槛效应的效果。在乌兰诺维茨于 1975 年主持的一项实验中，首先由一名实验人员在加利福尼亚州一家购物中心里请求正在购物的家庭主妇替他照看一下购物袋，他给其中一部分主妇的理由是，他要回去找他声称丢了的 1 美元，而给另外一部分主妇的理由则是找他装着很多现金的钱包。实验人员就是这样给自己的请求时而配上较弱的理由（1 美元），时而配上较强的理由（装满现金的钱包）。对方同意后，实验人员会消失一段时间，再带着他声称丢失的 1 美元或者钱包回来。之后，这位实验人员离场。再过一会儿，第二位实验人员登场，一个包装盒从他的购物袋中“意外地”掉出来，实验人员会装作没有发现。主妇们会主动提醒他东西掉了，还是会装作没看见？在没有铺垫性行为的情况下，也就是说之前第一位实验人员没有请她们帮过忙（对照组），只有 35% 的主妇提醒了第二位实验人员。而在第一位实验人员请求主妇帮忙照看购物袋，以便其回去寻找丢失的1美元的组别（较弱理由组）中，有80%的主妇提醒了第二位实验人员。从35%到80%，非明确请求型门槛效应的效果可见一斑。值得注意的是，在第一位实验人员请求主妇帮忙照看购物袋，以便其回去寻找丢失的钱包的组别（较强理由组）中，比例只比对照组高了一点（45%）。

这里出现了能帮助我们完善对参与度形成过程理解的东西。以上两个实验组的区别并不在于铺垫性行为本身(两组中都是让主妇照看同一个人的同一个购物袋，且照看时间也相同)，而在于第一位实验人员为了让主妇照看购物袋所给出的理由。似乎较强的理由意味着较大的压力，乌兰诺维茨的实验对象可能会觉得自己没有理由拒绝帮助一个刚刚丢了钱包的人。相反，较弱的理由则意味着较轻的压力，实验对象会觉得他们完全可以拒绝实验人员的请求。因此，前者并没有真正地参与到自己的帮助行为中来，而后者则实实在在地参与进来了。结合参与理论，我们就会明白，没有或者几乎没有参与度的个体（“钱包”组）基本上都会根据自己的本能反应行事，而参与度较高的个体（“1美元”组）则会在机会出现时再出手助人。不过除了这一点，我们还要知道，在两个实验组中，所有的实验对象无一例外都同意帮助第一位实验人员照看购物袋，这一点足以表明，实验对象所感到的压力或者自由度在她们接受请求时完全不是决定性因素。对请求的接受暗含着另一种其实并不太神秘的因果关系，传统社会心理学称之为社会准则或法则，如今的认知心理学称之为脚本，本书的作者则称之为必须行为模式，个体很难违抗这一模式，否则会遭到各种形式的报复，包括目睹这一幕的收银员和客人的蔑视。然而，有时候，在服从这一模式的情况下所产生的参与度和在完全自由的情况下所产生的参与度会很相像，这仍然是困扰着社会心理学家们的一个谜题。[①]

非明确请求型门槛效应也是一种有效的手段，尽管在研究中它只能引发价值较低的行为：帮助他人捡起散落的宣传单，提醒他人掉了东西；介入到他人的对话中纠正某个错误，以免对话中的一方在这个错误上浪费时间等。这些行为确实价值偏低，但是只有极少数人会觉得这只是稀松平常的行为。实验对象通常都只是普通人，他们中有些是正在购物的家庭主妇，有些是在学校走廊里闲逛的学生，有些是散步的行人。实验人员都是先请他们帮个小忙，比如帮陌生人看管财物、指路、在请愿书上签个字、告诉他人时间等等。这些行为（既包括铺垫性行为，也包括目标行为）都是最普通的行为，而这些人也都是我们很快就忘记长相的人。

---

① 我们在这里要问问哲学家们，如果自由无法催生不同的行为，那它是否还成其为自由。

非明确请求型门槛效应能引导对方不仅做出上述行为，还会做出诸如帮助老人过马路、帮忙推车、布施等等行为 。它的优点多于传统的门槛效应。操控者在利用传统门槛效应的时候必须要小心谨慎，因为两个连续的请求很容易引起对方的怀疑；而在利用非明确请求型门槛效应时，目标行为并不需要任何请求，因此也就不会引起对方的怀疑了。

无论是传统型还是非明确请求型，门槛效应都可以算是一种高明的操控术，值得好好加以利用（详见第七章）。不过现在我们要将目光转向另一种伟大的操控术，那就是闭门羹效应。它与门槛效应有着本质上的区别：在闭门羹效应中，铺垫性行为不再是对一个小小请求的满足，而是对一个过分请求的回绝。

## 第五章

# 闭门羹效应

于是O夫人就在保罗・瓦扬・库蒂里耶大街上发着传单。等她发完最后一张，已经是下午5点了，不过太阳依然高照。终于可以好好享受一下周六剩余的时光了，她马上往家走去，脚步坚定。离开了喧嚣的商业区，教堂广场的静谧与清爽，还有多尔马蒂的古风总能让人耳目一新。O夫人叹了口气："要是让新建的环岛把这片宁静给毁掉，就太可惜了。希望那份请愿书能起作用。"

走过人行天桥，又穿越库尔蒂萨街，O夫人终于快到家了。谁能想到这一天会变成O夫人的行善日。这时，她身后出现了一个穿着朴素而不失优雅的人，看上去像是一位老桥牌教师。

"打扰一下，女士。"

他向O夫人递上一张"白色的泪"协会的介绍信，这是一个志愿者组织，专门帮助多尔摩斯地区的少年犯在初犯后重新做人。

"您听说过我们的协会吧？我正在为协会招募志愿者，主要工作是在少年犯羁押期间扮演一种母亲或者姐姐的角色，给他们一些温暖。您能理解吧？让他们与外界保持联系是很重要的。志愿者要在两年的时间里，每周抽出两个小时的时间来陪伴同一名少年犯，和他聊天，理解他，倾听他的心声。倾听心声是最重要的一点，您说是吧？这件事您感兴趣吗？"

O夫人愣在了那里。怎么会有人提出这么离谱的请求？每周两小时，还一做就是两年！太荒唐了。

“非常抱歉，我肯定是做不到的。”

陌生人看上去有些伤心。

他接着说道：“确实有些长，不过您看，这些时间是必须要保证的。”

O 夫人刚要转回身去，他马上补充道：

“我们还需要几名志愿者带领一群少年犯去一家公司参观。是一家印刷公司，Scriptura 公司，在古腾堡大街上。参观只需要 2 个小时，而且是一次性的。您觉得怎么样？”

“有多少个孩子？什么时候去？”同情心泛滥的 O 夫人问道。

就这样，O 夫人被人怂恿着花了一个下午陪着 6 个有些大男子主义的少年犯，说大男子主义是好听的，其实是 6 个吵吵闹闹的孩子。

在这一次的遭遇中，O 夫人出于十足的好奇心为一项高尚的事业贡献了 2 个小时的时间。这种行为本身没什么意思，有意思的是 O 夫人同意这么做时的情境：一个陌生人在路上和她搭话，向她提出一个她显然不会接受的过分请求。虽说是件善事，可又有谁仅仅因为有个陌生人在家门口求她，就能在两年间每周贡献出自己的 2 个小时？

你可能觉得 O 夫人的正常反应应该是把陌生人撵走，然而她没有发脾气，而是出于礼貌仅仅拒绝了陌生人荒唐的请求。陌生人虽然看上去有些伤心，却也没有觉得难堪。

很明显，他与O夫人搭话的真正原因还没有暴露出来，即让她花2个小时陪同一群少年犯去参观印刷公司。这一请求显然没有前一个那么夸张，而且相对来说还比较合理。另外，在毫不犹豫地拒绝了第一个请求后，O夫人似乎对第二个产生了兴趣，问了一些已经牵扯到实践方面的问题。（“有多少个孩子？什么时候去？”）但是，如果O夫人没有事先遭遇第一个她肯定会拒绝的请求，她还会是这个反应吗？当然不会。我们必须马上承认，对第一个请求的拒绝在这里起着决定性的作用。整件事给我们的感觉是，对第一个请求的拒绝使O夫人更加倾向于接受第二个请求。

先提出一个过分到让人无法接受的请求，再提出真正想提出的请求，一个合理得多的请求，这种手段就是一种新型的操控术：闭门羹效应。盎格鲁－撒克逊国家的专家们之所以给它起了这样一种形象的名字，大概是因为这一手段的关键就在于对第一次请求的拒绝。

## 无法拒绝的“善事”

这回仍然是西奥迪尼与他的同事们（西奥迪尼、樊尚、路易斯、凯特兰、惠勒与达比，1975 年）进行了第一次关于闭门羹效应的实验。无论是不是巧合，这次实验和 O 夫人的遭遇非常像。实验人员在亚利桑那大学校园里询问学生们是否愿意带领少年犯去参观动物园。当实验人员直接提出这一请求时（对照组），只有 16.7% 的人表示同意。于是他们面对另外一组学生时，首先提出了一个过分的请求（实验组）。他们是这样说的：

"我们正在招募志愿者，在本区的拘留所为少年犯做义务顾问。这份工作要求你在至少两年里每周贡献出 2 个小时的时间，届时你要为拘留所的某个孩子扮演大哥哥的角色。你对这份工作感兴趣吗？"

显然，所有学生都拒绝了。实验人员马上提出第二个请求：

"我们还在招募志愿者来带领一组拘留所的少年犯去参观动物园。这次的工作只占用下午或者晚上的 2 个小时时间，你对这个感兴趣吗？"

这一次，有 50% 的学生回答"是的"。

也就是说，闭门羹效应这种手段最终使同意带领少年犯参观动物园的人数提高了两倍。

这一新型操控术的效果与前几种一样可观。它的原理与门槛效应的原理刚好相反，提出的第一个请求不再是一个成本较低的请求，而是一个成本高得离谱的请求。更确切地说，这一原理的精华在于首先向对方提出一个很大的请求，大到对方根本不会同意，然后再提出第二个成本小得多的请求。

这一手段并非完全的创新，它属于一种讲价的手段，大概从商业诞生之日起就存在了。在交易过程中，讨价还价就是通过开出离谱的价格来最终获得一个合适的价格。讨价还价的手段和闭门羹效应有着异曲同工之妙：表面上要得很多，实际上要得很少。不过在相似点背后，两者还是有些许不同，那就是讨价还价的最终目的还是从被操控者身上揩油。首先，在闭门羹效应中，被操控者并非主动与操控者建立联系，他们的自身利益并没有牵扯到闭门羹效应中去，而在讨价还价过程中，双方是主动进入到二者的关系中的，而且本身都有做一笔好买卖的意愿；其次，在闭门羹效应中，操控者与被操控者之间的交流并不是连贯的，而在一次连贯的交流中，双方应该都是可以自由采取行动的，并且必须遵循“不成功则成仁”的规律，即对一项提议采取要么接受要么拒绝的态度；最后，也是最重要的一点，在真正的讨价还价中，最终的结果并没有事先设定好，因为讨价还价本身的目的就是为了设定最终的结果，而在闭门羹效应中，被操控者要面对两个连续的选择，第一次选择会引起他的错觉，而事实上最终的结果已经事先就被设定好了。总之，在讨价还价中，买家/卖家的关系是对称的，二者最终的目的是达到一个折中的结果，而且双方都是开诚布公的。最终谁会赢，谁会占更多的便宜，没有人在一开始就能知道结果。因此，与闭门羹效应不同，讨价还价并不是一种操控术。

和前文提到过的操控术（门槛效应、启动效应及诱饵手段）一样，闭门羹效应的效果也通过对不同类型行为的研究在不同的人群身上得到了验证。社会心理学家们的实验对象包括学生、路人以及电信公司的客户，实验内容不仅有陪同少年犯参观动物园，也包括散发交通安全方面的宣传册，参加电话调查，帮助他人摆脱困境，对老鼠进行长达 2 个小时的电击折磨等活动。心理学家们先向实验对象提出一个夸张的请求，诸如在两年内每周抽出两小时来照看少年犯，以同样的频率宣传交通安全，参加一个长得可怕的电话调查，坚持在 4 年内每个月献一次血，在 3 个月内每天对他人进行电击折磨，等等。

## 如何提高请求的成功率

今年的圣 – 让节由你那个瑞典火柴盒收藏者俱乐部来

组织，旨在帮助你所在社区里新出现的低收入者。不管你乐不乐意，反正这次轮到你了，你要扛起这次活动的大旗，而且现实并不尽如人意。和往年一样，放烟火的志愿者比较好找一些，可要找一个愿意照看母鸡跳游戏展台的人就是件让人头疼的事了，然而最赚钱的就属这个展台了。你的侄女去国外与她的丈夫团聚了，你完全找不到其他人自愿照看这个老少咸宜的展台。经过深思熟虑，你想到了向你的单身表姐阿弗洛迪忒求助，她一直是家里的顶梁柱。前几天她不是还好心地把她乡下的房子借给你用来接待俱乐部的成员吗？[①]“照看母鸡跳游戏展台对她来说再合适不过了。”你不禁想到。这一次就别用门槛效应手段了，否则可能会引起她的怀疑。你打算试试闭门羹效应，于是又开始谋划使用这一效应的最佳方法。[②]

你脑海中首先浮现出的问题是关于第一个请求的重要性。该如何确定第一个请求的成本呢？闭门羹效应专家会直截了当地告诉你，这个请求的成本一定要非常非常高。他还会补充说，在几乎所有的相关实验中，第一个请求都

① 在上一章中，如果你听从了门槛效应专家的意见，你肯定已经对你的表姐说她十分“乐于助人”了。我们将在随后看到给人贴这种标签的好处。

② 为了帮助你思考，这一次我们将借助元分析的力量，尤其是迪拉德等（1984年）、奥基夫与黑尔（2001年）及费雷、安克尔与阿罗埃（2012年）的元分析资料。

100%被人拒绝掉了。另外，重要的不是这一请求被拒绝，而是这一请求给人造成一种成本过高的感觉。他还会补充说，在科学文献中，曾经有过一类案例，就是因为第一请求的成本不够高，虽然也被对方拒绝了，但没能成功引发闭门羹效应。所以你就尽情地狮子大开口吧。

你关心的第二个问题是两个请求的相似度。这两个请求一定要是同一类型的吗？还是不同方面的要更好一些？专家会毫不犹豫地回答你，在理想状况下，两个请求最好只有成本上的区别，无论如何，它们应该属于同一计划，或者至少属于同一性质。专家还会提醒你，一定要给两个请求冠以一种高尚的名义，这一点十分重要：全球饥饿问题、医药研究、帮助罪犯重新做人、交通安全、环境保护等是目前比较惯用的借口。当然，也有少数关于闭门羹效应的研究没有使用这类特别具有教育意义的借口，比如我们之前见到过的关于做电话调查的请求和在实验中执行电击的请求，不过谁又知道实验对象们是不是把这类请求也看成在为人类或者科学进步做贡献呢？

“对你的表姐来说，”专家总结道，“有个特别高尚的理由可以借用。你完全不用觉得不好意思开口，阿弗洛迪忒一定会认为社区里新出现的低收入者的命运与她息息相关。这些低收入者是闭门羹效应的最佳受益者，你一定要记得在两个请求里都提到他们。”

现在你关心的问题是两个请求之间应该相隔多久。几天？几小时？还是几秒钟？专家依然会果断地回答你：

“越短越好！超过一天的话就很难引发闭门羹效应了。最好在同一次对话中先后提出两个请求，至少实验中都是这么做的。”

你可能会反驳说：“如果我没理解错的话，您的意思是说这两个请求都要由同一个人来提？”

“我也算是资深了，”专家补充道，“如果两个请求分别由不同的实验人员提出，就我所知，还没有能达到明显的闭门羹效应的案例。所以我只能建议由你自己来提出两个请求。”

“我可以在电话里跟她提吗？”

“我觉得未尝不可。确实有通过打电话就实现闭门羹效应的案例，尤其是牵扯到慈善事业的时候。另外，你也知道，有一些商家很喜欢用电话做销售，只不过这种电话环境算不上是最好的。什么也比不上面对面的交流。”

现在你已经掌握了足够的知识去操控你的表姐了，眼下只需要找到合适的第一请求就够了：这应该是一个夸张的请求，但还不至于显得太荒唐或者太不合时宜。你当然不会请求她为了帮助低收入者而卖掉在图赖讷的城堡。专家可能会建议你告诉你的表姐，你在为俱乐部购置车辆而筹款，在筹款的一年里，请求她每周两天把她新买的货车借给你用，当然，借车的理由一定要高尚：你要用货车运送发放给低收入者的食品。尽管你的请求一点也不荒唐或者不合时宜，她还是一定会拒绝（货车还是全新的，而且你很清楚她家的园丁一周里有 6 天要用到货车）。

你会觉得这个点子简直是绝妙无比，不过仍然有个问题盘旋在你的脑海里，等待着解决。在门槛效应，尤其是非明确请求型门槛效应中，提出的请求与最终的目标行为没必要非存在什么关系。这里为什么就不能这样？没有什么能证明隐晦的请求就无法完成闭门羹效应，专家也并没有否定这一点，这下你可以感到欣慰一些了。你的正确直觉说明你已经从门槛效应专家那里学到不少东西了。

“确实，”闭门羹效应专家会说，“在一些实验中，实验人员没有明确提出第二个请求，也成功产生了闭门羹效应，不过在这些实验中，目标行为的成本从严格意义上说并不高，顶多是诸如帮人捡起散落在地上的宣传册一类的行为。全面考虑之后，我个人并不认为在闭门羹效应中能够通过隐晦请求得来真正成本较高的行为，至少以目前所掌握的知识来看，我无法向你保证这一点。你就记住我刚刚提的建议吧：向你的表姐借用她的新货车。让她拒绝你，然后你再做出一种帮她一把的姿态，告诉她还有另外一种帮助低收入者的办法：在 23 日和 24 日照看圣 – 让节的母鸡跳游戏展台。我当然不敢保证她一定会接受你的请求，但我敢肯定，这种手段能够提高你成功的概率。好了，祝你好运吧！对了，你也不用为我的咨询费担心了，我自己都开始觉得应该为低收入者做些什么了。那就把我的酬金留给他们吧！”

## 一个令人不解的现象

在任何科学领域里，都有一些违反科学理论的现象，无论是最火的理论还是最冷门的理论。在实验社会心理学中，闭门羹效应就是这样一种现象。尽管心理学家们给出了不少解释，但至今没有任何一种解释能够让人满意，闭门羹效应仍然是一个诱人的谜题（图辛与迪拉德，2000 年）。对一个过分请求的拒绝竟然能导致对方接受第二个成本相对较低、其实仍然很高的请求，该怎样理解这一现象呢？

西奥迪尼和他的同事们不但向学界展示了这一效应，还率先给出了解释。他们认为，大部分社会关系都遵循一条普遍性准则，即互惠准则。这一准则在人与人的交流中能够起到引导协商与让步行为的作用。众所周知，人们在得到他人帮助后总会倾向于回报他人。此外，诸如“一手交钱，一手交货”“五五开”“大家各让一步”“礼尚往来”等俗语和成语也反映了这一准则的内涵。我们来看看西奥迪尼和他的同事们是如何将这一准则代入对闭门羹效应的解释的吧:“……如果我们先向对方提出一个他一定会拒绝的请求，再提出一个相对较小的请求，那么对方会感到一种压力驱使他用他自己的让步来回应我们的让步。当对方要做出的是一个非此即彼的回答,即回答‘好’或者‘不’时，唯一一个能表现出让步态度的做法，就是在之前拒绝了第一个请求后接受现在的第二个请求。间接通过这种给人以让步错觉的方法，就能让对方接受我们真正的请求。”

以上就是西奥迪尼与他的同事们所给出的解释，它是完全建立在“相互让步”这一概念的基础上的。

这一解释确实很诱人，它帮助我们理解了闭门羹效应的某些表现，我们曾经在上文中对这些表现一笔带过。它尤其让我们明白为什么由同一个人提出两个请求是如此重要。显然，互惠准则只有在请求人为同一人时才能生效。另外，这一解释还让我们明白为什么第一个请求的成本高得离谱是如此重要。两个请求之间的成本差是有要求的，它应该能够让第二个请求看上去很像是一种合理的让步，从而引导对方做出让步。西奥迪尼和他的同事们将这一理论作为依据，他们的研究所得出的数据显示，当两个请求分别由不同的实验人员提出时，以及当第一个请求的成本没有比第二个请求高出太多时，闭门羹效应就完全失去了效力。

不幸的是，这个解释尽管诱人，却仍有不足。很快，其他研究人员成功地证明了提出请求者的让步在闭门羹效应中并非主要因素，他们认为，在整个效应的过程中，重要的并不是让被请求者觉得请求者蒙受了损失，而是让被请求者觉得自己占了便宜。因为觉得你让步了，才接受你的第二个请求，这是一回事；因为觉得第二个请求对自己来说更有利，所以才接受，则是另一回事。持这一论据的研究人员（米勒、塞利格曼、克拉克与布什，1976 年）拥护的是对闭门羹效应的另一种解释：他们认为，被请求者之所以接受第二个请求，是因为他看出了两个请求的成本反差。第一个请求明显成本过分地高，相比之下，第二个请求就合理多了；而如果没有第一个请求的话，第二个请求的实际成本其实仍然是偏高的。

你的儿子想让你花 65 欧元给他买橱窗里的那件衬衫，你可能会觉得太贵了。可如果他在不久前让你花 110 欧元给他买一件名牌衬衫的话，对比之下，你就会觉得 65 欧元其实还算价格公道。某些社会心理学家认为这种感觉上的对比能够用来解释闭门羹效应。可是很不幸，这种解释和上一种一样有不足之处 。我们无法通过这种解释来说明，当两个请求分别由不同的实验人员提出时，为什么闭门羹效应的效力会减弱甚至消失。即便真的存在这种感觉上的对比，它也只与请求有关，而与提出请求的人无关。因此，感觉对比理论也是靠不住的。

美国研究人员福勒与高德曼在 1983 年提出了一个理论，旨在证明只有当涉及高尚的理由时闭门羹效应才能够生效。他们认为，诸如全心全意投入到医学研究、帮助罪犯重新做人、资助穷人、拯救地球等事业的志愿者们都是值得尊重的好人，人们很难拒绝帮助这类人。因此，第一个请求的唯一作用就在于将提出请求者包装成一位应该受人尊敬的人物，进而使他成为一个难以被拒绝的人。不过这个解释仍然有不足之处，它既没有解释清楚第一个过分请求所扮演的决定性角色，也没能说明为什么两个请求之间的间隔必须很短。为什么招募志愿者做两年的项目就值得尊敬？难道招募志愿者做 1 个月的项目就不值得尊敬吗？为什么提出一个夸张的请求后片刻提出第二个请求就值得尊敬？难道隔一天再提出第二个请求就不值得尊敬吗？为什么？通过上述解释可说不明白。

上面给出的三种解释都有其特殊性：它们存在的唯一意义就是帮助我们理解闭门羹效应。然而它们都有各自的缺陷，都忽略了闭门羹效应的某一个或多个方面。我们是不是应该寻找一个更加具有普遍性的理论，一个适用于所有本书中提到的类似效应的理论？作者自然想到了自我感知理论。这一理论是通过长期研究得出的，它认为，人们对于自己的所想、所感、所需以及自己的本质并没有一个

“直接”的认识。我们的脑中并不存在那么一扇通向内心的窗户，能让我们直接理解自己的看法、感觉和品味。由于无法直接获取这些关于自己的信息，我们必须将它们推理出来。这是斯宾诺莎的经典观点，教育家阿兰又将其进行了引申：我们不是因为高兴才唱歌，而是因为唱歌才感到高兴。美国心理学家贝姆分别于 1965 年和 1972 年将这一观点系统化和理论化。作为激进的斯金纳[①]派，贝姆认为，通过对行为以及行为发生时的情境进行分析，我们就能够认识到自己内心的状态。比如说，为了分析我们的行为，自由的情境就是首先要考虑的因素。也就是说，如果我们的行为是在一种完全自由的情境下完成的，我们就会感觉到这一行为反映了我们的本质、动机及人格，可如果在受限的情境下就不会有这种感觉。

接下来我们再深入一步：假设一个人在一份请愿书上签了字。他也许是在看到很多人签字后自己也去签的，也许是在看到很多人拒绝后才签的。在第一种情况中，通过分析我们可以看出，这个人会觉得自己做了和大家一样的事情，他将自己签名的举动看作当时情境的产物，这一举动并没有反映出他自己的意愿。而在第二种情况中，正相反，他没有任何借口，之所以签名，完全是因为他想这么做，

① 斯金纳（1904—1990），美国心理学家，新行为主义学习理论的创始人，新行为主义的主要代表。——译者注

这一举动成为一种有效信息，一种关于他个人观点的信息。他的举动有这样的意义，别人也如是。

自我感知理论可以用来理解门槛效应[①],但是不能用来解释闭门羹效应。对第一个请求的拒绝事实上会让自己意识到，我不是一个那么容易接受别人请求的人，我更倾向于拒绝他人的请求，等等。这种对自己的认识使得被请求者更倾向于拒绝而非接受后面新的请求。这种推理也许有

① 尽管自我感知理论也有其局限性（儒勒于1987年指出了这一点），但在阐释门槛效应方面，它是北美学者所掌握的最佳理论，而本书作者推崇的参与理论仅为少数美国学者拥护（其原因与其说是理论方面的，不如说是意识形态方面的。最近，一位威斯康星州的社会心理学家说，参与理论“不够自我[Self]，自我[Self]才能满足美国人”。）事实上，在自由选择的情境下，铺垫性行为（在请愿书上签字，在风挡玻璃上粘一张不干胶宣传贴等）对行为实施者来说是用来认识自己的一条重要信息：他事后会认为自己和其他人一样，是一个能够毫不犹豫地为高尚的事业出力的人，而铺垫性行为正是间接通过个体对自己的这种认识来发挥效力的。这个铺垫性行为向实施者展示出了他某一方面（信念、信仰等）的特质，于是使之后同一性质的行为发生的可能性大大提高。可惜的是，这种毫无理论依据的观点有致命的缺陷。德荣于1979年在对文学进行分析的基础上提出了自己的质疑。自此，众多试图通过操控自我感知理论方面的变量来证明门槛效应的实验都以失败告终：迪拉德于1990年进行的关于最初请求成本的实验；格拉西尼与奥尔森于1995年进行的“社会认可vs社会不认可”实验。有时这些变量确实可能产生一定的效果（比如有些实验对象在实验结束后宣称自己对全球饥饿问题更加关注了），但是这种认知上的变化和对高代价行为的接受之间并没有可靠的数据联系。这也是本书作者坚持认为应该用参与理论来解释门槛效应的原因，同时我们也承认，参与度确实多少要受到感知方面的影响，尤其是当给被操控者贴了一张很巧妙的标签时（见下章）。

些唐突，自我感知理论的拥趸们或许会反驳说，由于第一个请求过于荒谬，被请求人在拒绝它之后并不会对自我产生任何正确的认识。他们会觉得，虽然我拒绝在两年的时间里每周抽出 2 个小时来贡献给抗癌协会，但这并不说明我不关心医学研究的问题。这种解释也很合理，不过虽然我们不能轻易摒弃自我感知理论，却也无法确定它适合用来解释闭门羹效应。

总之，这一理论以及前文给出的几种解释——相互让步、感觉对比以及请求者的高尚节操，都有其不足之处。我们可能会担心其他具有普遍意义的心理学理论也是如此，尤其是本书作者认为最可靠的参与理论。生硬地按字面意思去理解参与理论的话，确实会觉得它和自我感知理论一样无法用来解释闭门羹效应：在完全自由的情境下，对第一个请求的拒绝，应该会导致对属于同一性质的第二个请求的拒绝，正如在门槛效应中，只要接受了第一个请求，就会接受第二个请求（见第四章），这两者是一个道理。这样看来，参与理论和自我感知理论一样具有局限性。但是，第一个请求具有一种过分的属性，这一属性恰好挽救了参与理论。你拒绝了一个完全令人无法接受的请求，这说明你唯一的选择只能是拒绝，那么你会觉得自己的选择是完全自由的吗？我们可不这么认为。既然没有自由选择的感觉，那么你这个拒绝的行为就不具有任何参与度。在

第三章里我们说过，没有自由感，就没有参与度。因此，在类似情境下，当第一个请求被拒绝时，我们无法用“对决定的坚持”来预言对第二个同类请求的拒绝。

尽管不少人尝试解释闭门羹效应，但我们仍然不得不承认，它至今依旧是无法解释的（泰里耶、儒勒与马尔费因，2011 年）。比起冒险提出一个全新的解释来，我们还是更想在一条老路上走出一些新意来。我们首先假设一下，一个人在拒绝对方的过分请求后，会感觉对方对他的品德（如慷慨度、奉献精神等）做出了相应的判断。比如他拒绝在 4 年的时间里每个月献一次血的请求后，会觉得对方给他做出了负面的评价，认为他对别人的需求甚至是生命漠不关心。当他判断对方是个好人时，这种感觉会更强烈。因此我们可以推断，对方只要明确表达出评价，就足以使这个人做出打破这种评价的行为来（斯第耳，1975 年）。我们不禁猜想，在闭门羹效应中会不会出现类似的情况。

重申一下，我们并没有为闭门羹效应找到合理解释的野心，我们只是希望借由展示两种类似的现象来引出一个新的思考方向。现在，我们已经知道，拒绝了一个高成本请求后，人们会产生一种心理上的紧张感，而第二个请求是能够减弱这种紧张感的（泰里耶与儒勒，2008 年）。

## 门槛效应VS闭门羹效应

不少研究人员都在想，门槛效应和闭门羹效应，两者哪一个效果更好一些。卡恩、舍曼与埃尔克斯就于1975年进行了一项实验，将这两个效应进行比较。本次实验的目标行为是让布鲁明顿市（印第安纳州）的居民向身边的人派发15本关于交通安全的宣传册。实验人员设计了两种最初的请求：第一种请求用于门槛效应，内容是让居民回答3个关于交通安全的小问题；第二种请求用于闭门羹效应，内容是让居民统计2个小时内经过市里某重要路口的机动车数量。第一种请求相对来说成本较低，所有人都同意回答那3个问题；第二种请求显然成本太高了，只有极少数人（约占总人数的十分之一）同意统计机动车数量。而最终的请求（散发宣传册）明显比第一种请求成本高，却也比第二种请求的成本要低得多。这个实验可以很好地比较这两种操控术的效果，另外，研究人员认为还应该将最初请求与最终请求之间的时差作为一个变量考虑到实验中去，于是，有时这两个请求会在同一次对话中相继出现，有时两个请求之间又会隔上 7~10 天的时间。

实验的结果如何？实验人员首先测出了在同一对话中提出请求后两种操控术的效果，差别并不大：在门槛效应和闭门羹效应下分别有 78.3% 和 90.5% 的人同意派发 15 本宣传册，这一结果并不具有统计学意义。但是当两个请求之间相隔几天时，结果就完全不同了。门槛效应的效力依旧走高（70%），闭门羹效应却彻底失效（29%），甚至产生了完全相反的结果，我们可以称之为“反闭门羹效应”。在对照组中，50% 的人在没有最初请求的情况下同意派发宣传册，而在闭门羹效应组中，隔了几天以后再提出最终请求，结果接受请求的比例还不及对照组。因此，时差在两种效应中有不同的作用：它不会对门槛效应产生影响，却会降低闭门羹效应的效力。

这样的结果并不在意料之外。它完全应验了之前那两位门槛效应专家和闭门羹效应专家传授给你的知识。但是，在同样能够成功的前提下，是该选择门槛效应还是闭门羹效应？这个问题仍然是个谜，刚才的实验无法帮我们回答它，因为当我们能够正确使用闭门羹效应（由同一个实验人员提出两个请求；请求之间的时间差足够短）时，它的效力与门槛效应是不分伯仲的。此后进行的实验同样无法解决这个问题（帕斯卡与盖冈，2005年）：有些实验证明了门槛效应更佳，有些则证明了闭门羹效应更出众。出现这种矛盾也不难理解。我们永远也无法知道两个效应到底孰优孰劣，只不过有时我们会把实验条件最佳的效应与条件不太好的另一个效应进行比较，甚至为了得到震撼人心的效果而故意以己之长攻彼之短。

但是我们多少还是可以从目标行为的类型上看出一些端倪。我们并不排除有些行为通过门槛效应来获取会更容易一些,相反的情况也存在。然而千万不要妄下结论，通过某些研究人员的实验（斯塔尔斯基与帕奇,1993年），我们顶多可以说，门槛效应的影响比闭门羹效应稍微弱一些。不管怎么说，一种好的操控术一定是精心策划的产物。我们确实通过实验得出的数据了解到了几种伟大的操控术（如闭门羹效应、门槛效应、启动效应等），也揭示了它们的原理，但我们不得不为操控术的艺术性留出决定性的一席之地。正如有蹩脚的医生一样，也会有蹩脚的操控者，反之亦然。尽管好的操控者确实掌握了牢固的理论知识，但他们仍然需要一些特殊的属性来为操控术加分：对人际关系的高度敏感，灵活的头脑，相应的文化知识背景，还有其他一些不可或缺的小窍门。通过本书的介绍，你可以玩转一些小型的操控术，但当需要进行一场大规模的操控时，你仍然不得不求助于这方面的高人。

无论是高人还是“伪高人”，他们都只是看官而已。我们还是翻开下一页去找我们的O夫人吧。

## 第六章

# 从嘴甜效应到伪善：其他操控术

## 几个能让你达到目的的“预热技巧”

今年的12月15日是多尔马蒂首都多尔摩斯举办纪念百名多尔马蒂英雄的日子。这一纪念活动[①]深受多尔马蒂人民喜爱，因为它总是选在天气不错的日子举行。纪念日这一天，顽皮的阳光与乌云玩着捉迷藏，像往年一样，O夫人把车停在老城外的喷泉广场上。从市中心的人行区被赶出来的乞丐们央求着路人，O夫人叹道：“乞丐是一年比一年多了。”她换到另一侧的人行道，加快了脚步。圣卢西亚教堂周围全是小贩、旧货商、街头艺人和各路工匠。

百名多尔马蒂英雄集市如期开市，O夫人随人流走着。这边是表演喷火的艺人，那边是把德沃夏克的小夜曲拉得直跑调的小提琴演奏者。不远处还有一个卖榨汁机的小贩

① 该活动纪念的是一次伟大的战争。当年，阿尔莫里安人的部队在多尔摩斯的土地上行进，他们唯一的困难是跨过由101名多尔摩斯步兵把守的族长大桥。这些步兵英勇地抵抗着敌人的进攻，不但拯救了大桥和城市，也保全了自己的英名。这场光荣之战唯一的污点是其中一名步兵，历史学家们至今也说不清他到底是跳河做了逃兵还是不小心掉进河里的。总之，当他们高唱着国歌凯旋时，只剩下100人了。

在吆喝着，嘴里的词一套一套的。他的竹质榨汁机独一无二：把柠檬放在机器上，对着它吹一口气，就能榨出满满一杯柠檬汁。“热尔梅娜姑妈一定会很喜欢这个东西，没有什么能比它更适合做圣诞礼物了。”O 夫人一边走过去一边暗想，100 多尔马蒂元绝对够了。

“这个榨汁机不错吧？”小贩拉住 O 夫人，一脸自豪地说道。“我敢打赌，您找不到比这更实用的了。”

“多少钱？”O 夫人想碰碰运气。

“200 元整。”

“200 元？”

“还有赠品呢，就是这两只漂亮的杯子。您看，只要把它们倒过来，就能当蛋杯用。是不是挺值的？我再送给您两个熟透了的有机柠檬，今天我想早点收摊。”

O 夫人一边掏出一张 200 元的钞票，一边想这两个柠檬放到圣诞节的话会不会坏。她自我安慰说，反正这两个可以当蛋杯用的杯子就已经能给圣诞礼物锦上添花了，毕竟只送一台榨汁机的话可能会显得太随便，而这两个杯子能让这份礼物更别致一些，跟圣诞节的欢乐气氛也很搭调。她挎着榨汁机的盒子，又信步走到了一个卖皮毛制品的摊位前。她很想给自己的丈夫买一份礼物，以此为她前阵子做的那件社会活动方面的蠢事求得丈夫的原谅。一件鹿皮夹克怎么样？可是这世上没有什么东西真能博得她丈夫的欢心。O 夫人又不由自主地走到了一个旧货摊前，欣赏着一幅上了色的圣母育婴图，大概是 15 世纪末的古董。O 夫人打了个寒战，可能是因为寒冷的天气，也可能出于感动。她竖起了领子，戴上了眼镜。

“啊，女士，我从您的眼神中看出您很关心人间疾苦。您一定是这样的，对吧？”

询问她的是一名有着天使般红棕色头发的姑娘。

“我们在为爱心餐厅进行募捐，因为今年冬天会很冷。当然，捐不捐钱，捐多捐少，都由您自己决定。哪怕 1 块钱也能帮上忙。”

O 夫人一时忘记了自己的丈夫和那张圣母育婴图，萦绕在她脑海中的是冬日里穷苦的人们在多尔摩斯的桥下挤成一团的场景。O 夫人翻了翻自己的零钱包，掏出了两张 10 元的钞票。

“谢谢您，女士，您的捐款能解决一顿饭了。”

O 夫人一时心软，费了好大劲才忍住没把那两个柠檬也捐出去。眼镜上的雾气使 O 夫人很不舒服。连雾也来凑热闹！她都没敢走上前去打听那张圣母育婴图的价钱就离开了。当她路过多尔马蒂电信公司营业厅时，忽然冒出了一个念头：“要不我给自己买个 GPS 导航当圣诞礼物？开车的时候我老想看地图，早晚有一天要出车祸的。”说干就干，她花了 899 元买到了自己想要的东西（一个带内置

MP3 播放器和免提电话的 GPS 导航）。

街上的人越来越多，雾也越来越浓。今天肯定不是挑圣诞礼物的好日子。送给热尔梅娜姑妈一个榨汁机加两只蛋杯，送给自己一个 GPS 导航，这趟出行也不算一无所获。此时是中午 11 点，该想想做咸驴肉的事情了，这是一道"国菜"，每一名真正的多尔马蒂女性都会在百名多尔马蒂英雄纪念日这一天做这道菜。她离停车的喷泉已经不远了。

一到广场，她就意识到警察在车的风挡玻璃上动了手脚。"垃圾，"她小声咕哝道，"大好的节日也要贴罚单，太过分了！"她有些担心丈夫在付罚款时的反应，这种情况下他并不总是能对她和颜悦色。"笨死了！我本来可以把车停在别的地方。"她继续抱怨着，走近后却发现风挡玻璃上的只是"百慕大三角"咖啡馆的小广告，那是水手和单身汉们欢聚的堕落天堂。"哎哟，比罚单强！"她松了口气，并且吃惊地发现自己不由自主地给了直直地盯着她看的那名乞丐一枚硬币。

"说不定能派上用场，"她一边想一边把小广告塞进包里，并掏出了车钥匙。一个穿着节日礼服的中年人走近她，看上去很谦逊，脸上带着业务员的职业微笑。他在 O 夫人坐进驾驶室之前叫住了她。

"您好，您今天过得怎么样？"

"挺好的，谢谢。"

“那我就放心了。我负责组织一次关于交通安全的活动，想征求一下您的意见。就您个人来说，您对遵守交通规则持同意还是反对的态度？”

“当然是同意咯！”O 夫人暗自揣测接下来会发生的事情。

“同意是吗？那我就接着说了。为了这次活动，我们需要一些确实具有说服力的论据，而我们觉得最好的办法就是在街上向行人征询他们的意见。当然，我们只会采纳像您这种回答‘同意’的人的意见。如果您愿意的话，我希望您能提供一些支持您观点、并且您觉得能够说服市民的论据。您要是同意，我就把录音机打开了。”

认识 O 夫人的人都知道，她不但雄辩，想象力也很丰富。不过这位社会活动人员只让 O 夫人讲了 3 分钟。

“太感谢您了，您的论据太有用了。最后，我希望您能举两个您自己违反交通规则的例子，毕竟谁都会犯错误。比如说您是否每次看到停车标志时都会停下来？我说的是‘每次’。”

O 夫人想到了埃皮奈特十字路口，她每天要路过那里两次，左右视野都很好，所以路口没有车的时候她从来不觉得有停下来的必要。于是那位先生让她再回想一下其他违反交通规则的情况：违规停车，超速……

这么下去的话就要拖上一段时间了，O 夫人不得不告诉对方她有些赶时间。

“好的，我明白，没问题，反正采访已经结束了。再次感谢您的配合，祝您愉快，一路顺风。”

已经是 11 点 20 分了。O 夫人小心地系好安全带，“下午 1 点之前驴肉肯定是做不出来了。”她边想边发动了汽车。怎么总有这么多人问这问那的。到了埃皮奈特路口，左右都没有人，不过这一次 O 夫人选择在停车指示牌前停了好几秒。

这一次的百名多尔马蒂英雄纪念日上，O 夫人仅仅出去了不到 2 个小时，却经历了不少事情。嗅觉灵敏的人一定已经从 O 夫人的经历中分辨出了至少 9 种操控术，这些操控术都是研究人员热衷的研究对象。我们接下来看看是不是这些操控术引导着 O 夫人做出了以下四件事：在热尔梅娜姑妈的圣诞礼物上花了 200 元，为爱心餐厅捐了 20 元，施舍乞丐，以及在埃皮奈特路口停车。O 夫人身上先后出现了身体接触、“还有（赠品）”技巧、贴标签技巧、“由您自己决定”技巧、“哪怕……也能”技巧、担心 – 放松技巧、直视技巧，以及嘴甜效应，还有最厉害的一招，即伪善[①]。当你希望对方回应你的需要或者满足你的请求时，以上几种操控术都可以单独使用。我们将它们分为两个大

① 我们出于术语学方面的考虑将这一效应的名称译为“伪善”（Pied-dans-la-mémoire）。美国研究人员则首先将其命名为Hypocrisy。

类，伪善则单独算作第三类。

第一类操控术均涉及建立人际关系的技巧，技巧用好了，你的请求就能够以最高效率实现。比如卖榨汁机的小贩拉住了O夫人（接触技巧）；随后，O夫人先是以为被贴了罚单而感到担心，又在发现那只是一张普通的小广告后而松了一口气（担心—放松技巧）；道德得以保全，O夫人一放松，乞丐就趁机直视她的眼睛借以讨钱（直视技巧）；至于那位做交通安全调查的先生，他则利用了自己良好的形象和对O夫人的关心（嘴甜效应）。所有这些技巧唯一的目的就是创造一种某些专家称之为“积极情绪”的氛围。确实如此，不过仍然要注意正确使用这些技巧并掌握好时机。

第二类操控术则涉及该如何提出请求的问题。小贩懂得该如何让这200元买到的东西看上去物有所值：一台榨汁机，**还有**两个杯子，**还有**两个柠檬（“还有赠品”技巧）；为爱心餐厅募捐的姑娘则一个劲儿夸O夫人懂得人间疾苦（贴标签技巧），而且还声明O夫人捐不捐钱全看她自己（“由您自己决定”技巧），哪怕1块钱也能帮上忙（“哪怕……也能”技巧）。

我们会在本章的最后着重分析交通安全调查员使用的巧妙的伪善。这位先生先让O夫人捍卫一项崇高的事业（遵守交通规则），再让她仔细回忆，来达到让她日后注意遵守交通规则的目的。结果呢？O夫人真的在平时会直接忽略掉的标志前停了车。

## 提出请求的背景

我们先来说说那些能帮你给对方“预热”，从而达到你自己目的的小技巧吧。研究人员并没有对它们一一进行检验，我们在此只介绍在实验报告中效果得到证实的几个技巧。

### 接触技巧

像往常一样，周五的晚上，你拿着购物清单去离住处最近的超市进行采购。

“您好，女士。”一位面带笑容的推销员拉住了你，并递给你一块比萨。

“您尝尝吧，”她接着说道，“这是众乐品牌最新推出的比萨。”

你接过那块比萨，推销员松开了你的胳膊。你一边吃着一边继续购物。

问题：你觉得在商店门口被推销员拉住是促使你品尝比萨的原因吗?

答案：是的，肯定是。

你可能会吃惊于这个回答，其实我们起初也有这种感觉。作为社会心理学家，我们已经习惯分析处理那些有悖常理甚至让人无所适从的实验结果。但是身体接触在接受请求中扮演的角色一直让我们感到颇为诧异。

克兰克于 1977 年进行了这方面的研究实验，实验对象为在电话亭里通话的人。在那个年代，电话亭遍布于大街小巷的转角处，即便是在工业化程度最高的国家，也不是每个家庭的客厅里都会安装电话机，更别提手机了，所以人们通常都是在电话亭里打电话。

言归正传。实验对象走进电话亭，会发现亭里的搁板上有几枚硬币，这是克兰克故意放在那里的。显然，这个觉得自己运气不错的人不会无视这些钱，会顺手把钱装在自己兜里。刚刚走出去几步，实验人员就会拦住他："您刚才看没看到我落在电话亭搁板上的几个硬币？"在对照组中，实验人员只是提出了这样的口头询问。因此，从对照组中，实验人员可以得到实验对象在把不属于自己的钱装起来后遭遇询问时的本能反应。这一组中归还硬币的比例为 63%。而在使用了接触技巧的实验组中，实验人员在口头询问的同时，会拉住实验对象的胳膊 1 至 2 秒的时间，而这一次归还硬币的比例则高达93%！这一举动看似微不足道，难以引起人们的注意，可它却能让人变得更加诚实。

自20世纪70年代起，关于接触技巧的实验开始变得引人注目起来（盖冈与儒勒，2008年），并的确证实了这一技巧的效果。著名的迈阿密大学甚至专门为这一技巧建立了一个研究中心，这充分显示了科研人员对接触技巧的重视。如今，我们知道，接触技巧可以：

▲ 对审美产生积极影响（席尔瓦索恩、亨特与罗塔，1972年）；

▲ 使客人对刚刚进入的商店产生更好的印象（霍尼克，1992年）；

▲ 有助于航空公司找到工作能力更强的机组人员（维考夫与霍雷，1990年）；

▲ 使人们对陌生人产生更好的印象（斯托斯与克莱恩，1991年）；

▲ 让病人对自己的医生和运气更有信心（帕提森，1973年）；

▲ 使被碰触的人产生积极情绪（费希尔、里汀与赫斯林，1976年）；

▲ 在外科手术前减轻病人的紧张情绪（威切与费舍尔，1979年）；

▲ 改善学生在学校的表现（斯图尔特与卢佛，1987年），

等等。

总之，接触技巧在评价、动机、关系甚至是心理学方面的作用都已经得到了证实。经过40多年的研究可以看出，接触技巧在改变判断和心情方面的作用尤其显著。大部分研究人员引用这种改善来解释接触技巧在行为方面的作用，就比如电话亭里的人还钱时的反应。

这种现象本身就非常令人困惑，更奇怪的是，被碰触的人根本没必要回想起自己被人碰过就能受到这种身体接触的影响（儒勒与盖冈，2007年）。我们平时总强调在人际交往中要保持一定的身体距离，可这一现象与这种规则完全背道而驰。霍尔和某些跨文化交流的拥趸曾强调保持身体距离的重要性[①]，其实这一点可能被人为地夸大了。奇怪的是，对保持身体距离的强调在不同文化并存的社会中竟然能够顺利立足。因此，我们将“接触文化”（尤指拉丁文化）与“不接触文化”（尤指盎格鲁－撒克逊文化）进行了对照。尽管美国人最倾向于避免身体接触，可对于身体接触所产生的效果的研究针对的恰恰是他们。不过尼古拉·盖冈的研究表明，由于法国是身体接触最频繁的国家之一，接触技巧在这里产生的效果是最好的。

---

① 跨文化交流的拥护者们认为，在社会交往中，最佳的身体距离是一臂。

## 从美式接触到法式接触

接触技巧对于接受请求的影响在各种情境下都可看到。我们选择了两个在法国发生的研究案例，即尼古拉·盖冈于21世纪初进行的两项实验。第一个实验（2001年）在大街上进行，实验结果十分震撼，实验的内容却再简单不过。“您可不可以借给我几个硬币救一下急？”接受的比例为28%。而接下来，实验人员仅仅增加了一个碰触对方前臂的动作，接受的比例就升至了47%！

第二个实验（2002年）在大学里统计学专业的习题课上进行。在此类习题课上，通常是学生做题，老师在旁指导。老师在课桌间穿行，认真地检查学生们做题的进度，对所有学生进行口头鼓励，对其中一部分学生则增加了一定的身体接触。习题时间结束，到了改题的阶段：“谁愿意主动到黑板前面来？”老师们都知道，让学生主动把自己的答案写到黑板上并非易事。结果，在对照组（无身体接触）中，只有11.5%的人主动过去。而在进行过身体接触的实验组中，这个数字基本上翻了1番（29.4%）。

这两项在法国进行的研究非常具有代表性，它们证实了接触技巧在人们有求于他人时的积极效果。光是在医学方面就有上百项针对接触技巧的实验（马尔尚、哈里米-法尔科维奇与儒勒，2009年）。我们的建议是，如果你想在任何情况下都具有独立自主性，就别让别人碰到你的身体！如果你觉得这个建议很难做到，那么至少要注意被碰触的时机，你一定不会后悔的。

### 嘴甜效应

有这样一种技巧：在提出自己的请求前，先说上一句客套话："您最近怎么样？"对这一技巧效果的实验研究直到 1990 年才出现。这一技巧通常用在我们几乎不怎么认识的人身上。

霍华德十分推崇嘴甜效应，他于 1990 年进行了一项实验，以捐助爱心餐厅为由通过电话让实验对象购买曲奇。在提出请求之前他对其中一半的对象说："您今天怎么样？……那我就放心了。"这样一句开场白让同意购买曲奇的人数比例从 10% 跃升至 25%。证明嘴甜效应效果的实验为数众多，既有电话实验，也有面对面的实验（奥恩与巴兹尔，1994 年）。

剩下的问题就是嘴甜效应的原理了。人们可能会觉得实验人员对实验对象的礼貌起着至关重要的作用，不过霍华德给出的解释则完全不同。他强调了这样一个事实：面对"您今天怎么样"这个问题，无论对方当时的心情如何，他也只能回答"还不错"。这样的问题可能会让我们产生可以给出不同回答（"还不错"或者"不怎么样"）的错觉，然而社交规则要求我们只能回答“还不错”，尤其是在面对几乎不怎么认识的人时。霍华德正是向陌生人提出了这个问题。你如果对 15 位同事进行了这样的问候，他们可能每个人都借此机会向你倾诉他们的不幸，博取你的同情。然而，从心理学的角度来看，“还不错”并不是一个中性的回答。在霍华德看来，先提出这样的问题，之后，对方就很难拒绝向那些过得没那么好或者确实缺衣少食的人提供小小的帮助。原因就在于，自己过得很好，却拒绝帮助那些过得不好的人，这在心理学上是一种不太舒服的立场。

为了证实自己的解释，霍华德大大增加了实验对象的人数。在 120 名实验对象中,仅有 12 人承认自己心情不好（“我现在感觉不太好”），可能他们刚刚发现自己的妻子和自己最好的朋友私奔了？正如霍华德预测的那样，这 12 个人对嘴甜效应几乎完全无动于衷，仅有 1 人愿意购买曲奇，也就是 8% 的比例，比对照组（18%）还要低。在明确表示自己过得很好（“好极了”）的人（也就是说他们的回答并非仅仅出于习惯）中,有 46% 的人（26 人中的 12 人）同意购买曲奇。或许这些人刚刚和甩了几年也没能甩掉的情人彻底分手吧。当然，大部分人只是简单地回答一句“还不错”，而这一回答恰恰促使他们接下来表现得更慷慨，这些人中有 30%（82 人中的 25 人）同意购买曲奇。因此，在人们回答问题的语调和他们接下来的慷慨度之间存在某种联系，这种联系确实为霍华德源源不断地提供着证据。

然而，在波兰进行的一系列实验结果（多林斯基、诺拉特与路达克，2001 年）则与霍华德的解读有些许的出入。不过需要注意的是，波兰与多尔马蒂对于“你今天怎么样”的回答标准是不一样的，在美国或者法国也都各不相同，多尔马蒂的标准回答是“还不错，谢谢”。还要注意的是，在某些情况下，这样的回答意义也并不是很明确，就比如在学生交试卷的时候。在多林斯基与同事们的某一项实验中，实验人员在一次考试结束时对学生们进行问话。我们可以想象，并不是每个学生考完后都会表现出轻松和满意，不少人表示他们考得并不太好。无论他们的心情怎样，实验人员都会在考试过程中向学生们提出一个关于考试日程安排的铺垫性的问题：“你这周还有其他考试吗？”随后再向学生们提出自己的请求：帮助自己完成一项针对孤儿的慈善举动。这一次，嘴甜效应同样发挥了作用（接受比例 62%，对照组为 27%）。另外，与霍华德的理论正相反，与走出教室时心情愉悦的学生一样，明确表示不满的学生中也有很多同意提供帮助。因此，在考试这种比较特殊的情境下，心情的好坏并不能作为嘴甜效应效力的评判依据。

另外一些实验表明，请求者与被请求者之间建立起的对话关系才是影响嘴甜效应的关键，甚至当请求的内容极度自私时，只要对话建立得当，嘴甜效应照样会发挥效力。话说回来，本书是为老实人服务的，我们毫不怀疑，各位读者一定会把这种技巧用在最高尚的事业上面。

### 担心—放松技巧

在不少文学作品以及战争或者悬疑题材的电影中，都出现了以纳粹占领时期、斯大林当政下的苏联、皮诺切特统治下的智利以及关塔那摩监狱等为背景的审讯场景，那么该如何让人忘记这种恐怖的氛围呢？起初，审讯者会为了让犯人感到强烈的恐惧而使用各种手段：辱骂，以用刑、殴打、鞭笞进行威胁恐吓等。而后，当犯人准备好迎接最坏的结果时，“唱红脸的”却和他的辱骂与威胁一同消失了：鞭子进了抽屉，审讯的语气恢复了人情味，甚至还带着一点兄弟般的亲切感。两下对比如此明显，以至于“唱白脸的”一登场就能带来意想不到的放松的效果，史书中记载过不少在这一阶段获得口供的实例。这种现象的理论依据并非恐惧时的心理过程，而是恐惧忽然减弱、放松感随之而来时的心理过程：“哎呀，躲过了一劫！”

多林斯基、诺拉特以及另一位波兰研究人员首先对与上述情况中类似的技巧，即担心—放松技巧进行了实验性研究（多林斯基与诺拉特，1998 年）。他们通过 5 项精妙的研究得出了如下结论：

1. 权力的不对等（原告 / 被告、雇主 / 雇员、老师 / 学生、孩子 / 家长）并非必要条件；

2. 这一技巧除了引出口供以外还可用于其他方面。

我们在此将详述其中 3 项研究，在这些研究中，心理学家们用不同的恐惧诱导出了不同的行为。

第一项研究在波兰南部城市奥波莱的街头进行。与多尔摩斯一样，在奥波莱也经常能看到有不守规矩的驾驶员把车停在明确规定不许停车的地方。等他们回来时，就会发现汽车的雨刷器下面别了一张颜色和大小都和罚单一样的小纸条。有时，纸条的内容是一则广告，介绍的是一种叫 Vitapan（比色板）的促进头发生长的神奇药物；有时则是让他们去警察局交违规停车罚款的通知。实验人员躲在不远处，观察驾驶员得知纸条内容后的反应：有些人的表情放松下来，有些人则没有。随后实验人员便走上前去：

“您好，我是奥波莱大学的学生，您可以帮我填一份调查问卷吗？只占用您 15 分钟的时间。”

如果某天有个陌生人在大街上让你参加一项调查，你的正常反应应该是无视对方的请求，继续赶路。在看到那则企图给秃顶男人以希望的广告的驾驶员中（担心—放松技巧组），62% 的人同意帮助学生；对照组中驾驶员的风挡玻璃上什么也没放，只有 32% 的人同意帮助学生。担心—放松技巧组的数据是对照组的两倍，而被通知去最近的警察局交罚款的那些人表现则完全不同：他们中只有 8% 表现出了乐于助人的心态。由此可见，这一技巧的关键并不在于担心或恐惧，而在于之后的放松，担心或者恐惧情绪在这类情境下甚至会起到相反的作用。

第二项研究得出了同样的结论。这一次的实验对象是自愿去奥波莱大学参加某项实验的中学生。到了奥波莱大学之后，其中一部分学生得知，只要他们在学习任务中出现一点差错，就要受到一次电击（担心组）。不久后，这部分学生中的一半人又被告知，这项实验与他们无关，他们绝不会受到电击，而是会参加另外一项关于眼手配合度的实验，只要往靶子上掷小箭就可以了（担心—放松组）。而另外一部分学生（对照组）则完全没有听说过关于电击的任何消息，而是直接去参加掷小箭的实验。在他们等待参加实验的时候，一位大学生分别对三个组别的学生说：

"你好，我是这个学校的学生，我在为一项针对孤儿院的慈善活动征集志愿者，志愿者的任务是在奥波莱的街头进行募捐。你愿意参加吗？"

在对照组中，52.5% 的学生表示愿意参加。与预想的一样，担心—放松组的比例更高一些（75%），而担心组的比例则更低一些（37.5%）。这项研究的结果与上一项研究完全一致，只不过这一次涉及的是另一种担心的对象（用电击代替了罚单），并且这一次期待行为的成本也比上一次高（上一次为抽出 15 分钟填写调查问卷，这一次则是抽出一天来在街上募捐[①]）。

第三项研究则证实担心—放松技巧还能够让人主动掏钱。这项实验同样在奥波莱市中心进行，实验对象是那些没有从规定区域穿过马路的倒霉行人——其实我们每个人都曾经有过不走人行道的经历。实验人员放任其中一部分行人通过（对照组），而在另一部分人穿行的时候会吹哨提醒他们遵守交通规则。当这部分行人转身往回走的时候，会吃惊地发现刚才吹哨把他们吓出一身冷汗的并不是警察，这只是一个小小的恶作剧。于是他们松了口气。随后，当实验人员向行人要钱的时候，被哨声叫住的人中（担心—放松技巧组）有 62.2% 的人同意捐款，是对照组（28.3%）的两倍，捐款的平均数额也比对照组要高出 60%。现在我们就能够更好地理解 O 夫人的经历了。她以为车上那张卡片是可能引发夫妻战争[②]的罚单，而当她发现那只是一张可以随手扔掉的广告时，心里自然松了一口气，也就愿意施舍乞丐了。

### 贴标签技巧

孩子为什么会主动去做大人让他们做的事情（期待行

---

① 同意参加募捐的学生要说出自己愿意花在募捐上的时间，担心—放松组的学生竟然愿意抽出整个周六去参加募捐！

② 亨利从来无法忍受O夫人乱停车的毛病，只要是违章停车的罚单就能让他大为光火。夸张，太夸张了！

为）呢？或者 用专家的话说，孩子是如何将针对行为的社会要求内化的呢？研究这一问题的学者们（格吕塞克，1999年）强调行为的“内在解释”的重要性，“内在解释”反映的是个体本身及他的意图、动机等（如“我喜欢读书”），而另一概念“外在解释”则反映了他人（如“老师想让我读书”)和当时的某种情境(如“其实我除了读书别无选择”)。

最有效的内在解释依靠的是童年时的人格，尤其是其性格特征。我们来看一下米勒、布莱克曼与博兰的实验（1975年），他们在一堂关于环境卫生与秩序的课程上引导8~11岁的孩子不要将糖果包装扔在地上，并尝试了两种引导方式。在第一组中，实验人员告诉孩子们应该做一个干净并且遵守纪律的人，同时劝导他们从今往后要遵守这一规定（劝导组）。而在第二组中，实验人员只是告诉孩子们，他们是干净并且守纪律的孩子（标签组[①]）。在另外一个对照组中，实验人员在课后什么也没说。不久后，实验人员向三个组的学生分发包装精美的糖果，并对扔在地上的糖果包装进行统计。随后实验人员得出结论:事实与他们猜想的一样，贴标签技巧是效果最好的劝导方式。

这一技巧的效果在随后一项针对学生在校表现的实验中同样得到了证实，确切地说是通过数学考试成绩反映出

---

① 米勒、布莱克曼与博兰对这一组别有另一种叫法，即“内在解释组”。

来的。实验人员使用了两种标签，他们夸奖一部分学生能力较强（像你这样能力强的学生……），夸奖另一部分学生学习努力（像你这么努力的学生……）。这两种标签都比简单的劝说要有效得多。

以上两项研究表明，贴标签技巧对于孩子是十分有效的。其实它对成年人也是有效的。几年后，另外一些实验（斯特兰塔与德容，1981 年）证明我们可以通过这一技巧来影响成年及完全有判断力的人群，并且区分出了不同种类的标签。实验人员先让实验对象进行了一项所谓的人格测试，随后告诉其中一部分人他们的回答证明他们是和蔼可亲的（中肯的正面标签），又告诉另一部分人他们的测试结果表明他们十分聪明（不中肯的正面标签）。而在对照组中，实验人员对实验对象什么也没有说。片刻后，另一位实验人员不小心散落了一包卡片。这些实验对象会站出来帮忙吗？被贴了中肯标签的人（他们的标签是具有亲和力的，这类标签暗示实验对象他们是无私的，是对他人的困难十分敏感的）弯下腰去捡卡片，只有这一组帮忙的人数比对照组多。这项实验证实了贴标签技巧在成年人身上的效果，并且告诉了我们这样一点：当我们有求于别人时，最好给对方贴上一个中肯的标签（比如实验中的亲和力类的标签，暗示对方和蔼可亲），并且标签的类型要与期待行为有直接联系（比如实验中的期待行为便是帮助别人摆脱困境），而不要给对方贴上一个与期待行为无关的标签，哪怕这个标签给人感觉十分受用（如实验中的“聪明”标签）。由此看来，那位爱心餐厅的宣传员先是说O夫人关心人间疾苦，再希望她慷慨解囊，这样的做法也就十分合情合理了。尽管O夫人很喜欢那幅15世纪的圣母育婴图，宣传员却没有盲目地对她的审美进行赞赏。心理学家们提醒各位，不要把贴标签与拍马屁混为一谈，正如古玩商会提醒各位要注意区分真品和旧货商手里的赝品。我们还是严肃一些吧：要想巧妙运用贴标签技巧，就要注意语言上的迂回，比如：“我认为你能通过考试。”（斯坎德拉尼 - 马尔祖齐、马尔祖齐、马尔尚与儒勒，2012年）

## 其他与营造环境有关的技巧

几年前，我们参加了一个由某位销售达人组织的讲座，台下的听众都是仰慕他的销售从业人员。他所推崇的那种完美的培养客户关系的艺术在我们看来只是最粗浅的陈词滥调。要时刻保持穿着得体，要在对话中引导客户产生信任感，谈论天气永远不过时：“天气还不错，是吧？”要让客户觉得我们真正关心他们的房子、家具、车（还有妻子？），握手的力量要适度，要用真诚的眼神直视对方又不失尊敬，要使用电台主持人的嗓音说话。我们对最后这三条产生了兴趣，因为它们使我们想起了几项相关的研究。

如果我们有求于对方，怎样握手才能获得最好的效果呢？当然，用力握手总比软塌塌地握手要好，不过拉一会儿对方的胳膊效果会更好，但是一定注意不要在那时直视对方的眼睛。高德曼与福代斯的实验（1983年）证实接触技巧和直视技巧之间存在一定的冲突，考虑到亲密度问题，最好还是不要玩得太狠，同时使用这两种技巧的话甚至会起到反作用。

这位主讲人有一件事倒是说对了，那就是声音的重要性。这方面的研究不多[①]，就我们所知，类似研究的结果均表明，即便你没有电台主持人那种迷人而活力四射的嗓音，也要尽量避免让自己的声音听上去太单调或者太甜腻（高德曼与福代斯，1983年；莱姆兰德与琼斯，1994年）。多少得有点活力吧！

## 如何提出请求更容易让对方接受

我们之前提到过的所有技巧都有同一个目的，那就是

① 关于声音在引导他人接受请求的效果方面的研究虽然很少见，但关于声音本身的研究还是很多的，这些研究均表明，声音可以反映出一个人的社会、种族及文化方面的归属。

为提出请求创造一种情绪或者认知方面的背景环境。接触技巧意在创造一种亲密的氛围并以此影响对方的情绪（盖冈，2002 年），嘴甜效应则能够创造一种积极的情绪环境，贴标签技巧也是如此（贴出的标签通常都是正面的）。另外一种背景环境就是某些心理学家口中的“自我认知环境”（蒙泰伊与于盖，2002 年），也就是说对方会在这种环境中重新审视自己，并以一种特别的方式来处理自己接收到的信息。因此之前的技巧都旨在创造一种心理环境，我们要在这一环境之下提出自己的请求。

接下来就要思考一下如何以最恰当的方式提出请求了，已经有不少这方面技巧的效果得到了证实，这些技巧都十分简单易行，它们至少能提高你成功的概率。何不试上一试呢？

### “由您自己决定”技巧

在前几章里，当我们分析启动效应、门槛效应和诱饵手段时，我们强调的是给被操控者一种自由感。不过这种自由感并不是让对方做出某个特定行为的手段（如启动效应和诱饵手段中的最初决定，以及门槛效应中的铺垫性行为），而是在提高对方在行为中的参与度时不可或缺的一环。自由感当然是为操控者所用的，但它的作用在于使被操控者参与到一个成本极低的行为（或者一个看上去好处多多的决定）中去，从而让他更倾向于完成接下来出现的成本较高的行为（或者做出好处较少的决定）。其实营造自由感本身就是一种精妙的操控术，它的名字就叫作“由您自己决定”技巧。

要是有人敢说他从没用过或者绝对不会用这种技巧，那我们甘愿受罚。如果我们有求于人，给他营造自由感绝对有利无弊，尼古拉·盖冈与亚历山大·帕斯卡率先通过实验证实了这一点。实验（盖冈与帕斯卡，2000 年）中，独自一人在街上闲逛的实验对象会遇到一位陌生人：“您能不能给我一点零钱坐公交？”这位陌生人看上去一点也不像乞丐，他的穿着和其他路人一样，毫无生活凄苦的迹象。有时他就只问这么一句（对照组），有时会在对方做出反应之前再加上一句：“当然，这还是由您自己来决定。”实验结果十分惊人，在对照组中，只有 10% 的人掏了钱，而在“由您自己决定”组则有 47.5% 的人这样做，是对照组的 4 倍还要多。此外，不要以为这一组的人会很小气，他们平均给出了 1 欧元多一点，比当年一张公交车票的价格还要稍高一些。对照组的人就没这么大方了，他们平均只给出了 0.5 欧元。

后期的实验（帕斯卡与盖冈，2002 年，实验 1 与实验 2）则证实，在提出请求之前营造自由感（“我想求您帮个忙，当然，帮不帮由您自己决定。您能不能给我一点零钱坐公交？”),该技巧的效果并不会受到影响。另外一则实验（帕斯卡与盖冈，2002年，实验6）证明消防员在每年销售消防挂历[①]时也可以使用该技巧。在这项实验中，消防员给出的理由不同，索要的价格也不同。实验人员是一位真正的身穿制服的消防员，当对方问到他们应该给多少钱时，他会回答："每个人都不一样，大部分情况下都是5欧元。"之后，他会接着对其中一半的人说："不过到底给多少还是由您自己来决定。"这句多少有些神奇的话让人们平均多掏了25%的钱，即从不到6欧元涨到了8欧元。

还有一则实验（盖冈、勒古维罗、帕斯卡、莫里诺与雅各布，2002年）证明这一技巧在网络上照样有效。900名网民收到一封邮件，邀请他们抽出5分钟时间来浏览一个纪念战争中遇害儿童的网站。其中一部分邮件中有"点击这里"的按钮（对照组），另一部分邮件中写的则是"您可以点击这里"。对照组中有65.3%的人访问了该网站，而在另一组中则有82%的人这样做。因此，"由您自己决定"技巧可以显著提高一家网站的浏览量。对这一技巧的研究并未止步于此，近期的一些研究表明，如果换成其他几种说法，如"现在就看您的决定了""当然了，这要看您自己""您想怎么做都行"或者"您千万别有压力"，该技巧

① 法国有年末销售或派发消防日历的传统，以此来宣传消防知识。——译者注

的效果并不会受到影响（参考盖冈、儒勒、哈里米 - 法尔科维奇、帕斯卡、费希尔 – 罗库与迪富尔克 – 布拉纳的实验，2013 年）。因此，我们拥有一整套从“由您自己决定”到“您千万别有压力”甚至是“我们没有强迫您的意思”的不同力度的语言体系，现在你就可以根据不同的情况来选择不同的说法了。

以上实验和其他一些实验（帕斯卡、奥特姆、萨姆森、王、哈里米 – 法尔科维奇、苏谢、吉朗多拉、盖冈与儒勒，2013 年）均表明这一技巧操作起来十分简单，就像小孩子的游戏一样。说到这一点，本书的作者之一最近就被自己七岁的儿子用这种技巧坑了一次。那是一个周日的下午，他的工作很繁重，让他觉得根本不能给自己任何走出书房的理由。忽然传来一阵怯生生的敲门声：“爸爸，陪我打一会儿乒乓球好吗？我知道您很忙，玩不玩由您自己决定，您想怎么做都行。”咱们这位作者也就只能缴械投降了。

### “哪怕……也能”技巧

你想让对方为某项高尚的事业捐出 3 欧元，而“哪怕……也能”技巧的目的就在于让对方觉得，哪怕他只给你可怜的 1 毛钱你也会满足。1 毛钱总还是可以掏的吧？打开钱包以后，对方又不想让你觉得他太小气，你就可能会看到他最后掏出了你要的钱数，甚至更多。在多尔马蒂，这一技巧是以一种多少有些俗气的语式来表达的："一个钢镚儿就够。"西奥迪尼与施罗德率先对这一技巧的效果进行了研究（1976 年，实验 1）——他们可不是俗人。实验人员到各个实验对象家中游说他们为一项抗癌活动捐款。按响门铃后："您愿意捐款吗？"在对照组中，实验人员只问了这一句。而在"哪怕……也能"技巧组中,他会接着说："一个钢镚儿也能派上用场。"在对照组中，只有 28.6% 的人愿意把门打开一道缝并捐一点钱，而在第二组中有 50% 的人这样做。两组的平均捐款金额是一样的，均为大约 1.5 美元。这一技巧的关键就在于让最低的捐助数额也看上去合情合理，这样一来，人们常用的拒绝这类善举的借口就显得不可理喻了，比如"抱歉，我前阵子刚刚给多尔马蒂的红十字会捐了钱，总不能天天捐吧？"确实有道理。但是如果你索要的金额已经小到完全不会影响对方生活预算的话，他们就无法拒绝了。话说到这个份上还要拒绝，那也不是一件易事了。

"哪怕……也能"技巧的另一种语式效果也不错："我们目前收到的最低捐助是一个钢镚儿。"同样，这句话也是为了让一个硬币的捐助数额看上去合情合理，从而也让对方不好意思急于找借口拒绝你。通过使用这一语式，西奥迪尼与施罗德在"哪怕……也能"技巧组中获得了 64.5% 的人的捐款，而在对照组中只有 32.2%，是前一组的二分之一。

随后进行的实验（瑞夫斯、马科利尼与马丁，1987 年；瑞夫斯与索瑟，1993 年）也得到了同样有说服力的结果。作为一种操控术，“哪怕……也能”技巧也许对志愿者与社会活动人员来说能派上大用场，因为这类人的工作内容通常就是为伟大而正义的事业募捐。那位爱心餐厅的宣传员就是利用这一技巧让 O 夫人捐了钱，而 O 夫人的反应也并不出人意料：20 多尔马蒂元，按现在的生活水平来说可真不少！

据我们所知，这一技巧在各项实验中仅用来获取钱财，然而它的用场可不仅限于此。现在有 6 斤土豆摆在你面前等你削。“亲爱的，帮帮我呗。哪怕帮我削一个也行。”对“哪怕……也能”技巧还心存疑虑的人，现在就去试试吧！

### “还有赠品”技巧

最后一项技巧通常用于销售和讲价中。百名多尔马蒂英雄纪念日当天，卖榨汁机的小贩使用这项技巧绝非偶然。当然，不排除这一技巧的效果与闭门羹效应一样，也是建立在互惠互利的原则之上的。这一解释由伯格提出，为了开发这项他命名为“还有赠品”的技巧的全部潜力，他在 1986 年进行了不下 7 次实验。这一技巧的第一种形式使本来只想花 100 元买榨汁机的 O 夫人最终花 200 元买了一台榨汁机、两只杯子和两个柠檬。小贩是怎么做到的呢？他先是说出了榨汁机的价格——200 元，然后，在 O 夫人转身离开（“他可真能漫天要价”）之前，他告诉她这 200 元里还包括两只杯子。为了让自己显得没那么小气，他最后还加上了两个柠檬。伯格也使用了相同的手段，让一家咖啡馆里的客人花 75 分购买两块曲奇的概率提高了将近一倍。当客人打听一块曲奇的价格时，他回答 75 分，这个价格显然高得离谱。在客人开口抱怨之前，他会接着说：“等一下，我搞错了。今晚店主想早点收工，您可以用 75 分买到两块曲奇！”有 73% 的人掏了钱。而在对照组中，客人直接被告知曲奇成对出售，每对 75 分，这一组仅有 40% 的人掏钱购买曲奇。

伯格的 7 项实验均证实了“还有赠品”技巧的效果，包括我们刚刚提到的第一种形式，也包括另一种直接主动降价的形式。这一形式效果最突出的是上门推销蜡烛的那次实验。实验对象打开门时，面前站着两名中学生。

第一个学生说：“我们在向社区居民推销蜡烛，想通过这种方式筹集学费。每支蜡烛 3 美元。”

第二个学生接着说：“不是的，你忘了吗，咱们最后决定卖 2 美元一支。”

第一个学生又说：“抱歉，是 2 美元，不是 3 美元。我们还是想薄利多销。”

这一组中，57.1% 的人购买了蜡烛。而在对照组中，实验对象直接被告知蜡烛售价 2 美元，于是仅有 14.3% 的人购买，这个数字是前一组的四分之一。

读者们可能觉得这种卑鄙的手段只会出现在旧货市场上。这么想可就错了，什么样的人都可能在你生命中最突出的某些事件中使用“还有赠品”技巧来达到其商业目的，而且涉及的金额很可能是个大数目。我们想到的一个例子就是搬家公司。他们会开出天价让你搬家，光是搬家？不，等到餐具拆包后还会负责清洗。光是洗盘子？不，还会负责码放盘子等等。

在“还有赠品”技巧方面，多尔马蒂殡仪馆（就是当地人口中的 PFD）也不甘示弱。O 夫人最近刚刚操办了热尔梅娜姑妈的丈夫加斯东的葬礼，而殡仪馆开出的葬礼价格让 O 夫人觉得自己是在做梦：39，999 多尔马蒂元！不过还有附赠服务哦，他们会负责在墓地摆一年的鲜花。

### 伪善

无论对错与否，伪善给了我们认识一种全民公认为最高级的社会心理学的机会，我们完全理解这样的评价。与门槛效应、启动效应、诱饵手段以及闭门羹效应的实验不同，我们接下来要介绍的实验起初并非为检验操控术的效果而设计，而是为验证关于一个著名理论提出的新假说而设计的，这个理论就是认知失调理论[①]。不过这些实验（阿伦森，1999 年）却让我们看到了一种新的让他人按照自己的意思行事的方法。现在我们来仔细看一下究竟是怎么一回事。

你是一名加利福尼亚州的大学生，很漂亮，有古铜色的皮肤和聪明的头脑——这些都是天生的。你刚刚在学校干净的泳池中游完泳。众所周知，加利福尼亚州严重缺水，所以大家都要有节水意识，这是全民都达成共识的事情。然而，从泳池里出来后，你确实需要好好地冲个澡，洗洗头。冲澡前，有个人叫住了你。真不是时候，不过你仍然很礼貌地[②]问："您有什么事情吗？"叫住你的是一位社会活动人士，他想让你在一份呼吁人们抵制某些浪费行为的倡议书上签名。倡议书上醒目地写着：缩短淋浴时间，涂抹香皂时关掉水龙头。我能做到，您也能！总之，签了名以后，你就要做出表率。

这种签名活动很像门槛效应中的铺垫性行为，也是

---

① 这一理论（费斯廷格，1957年；博瓦与儒勒，1981年，1996年；富万提亚、吉朗多拉与高斯林，2013年）最突出的作用就是帮助人们预测"问题"行为的认知性后果（观念、信仰等的转变）（详见第三章）。

② 据可靠情报，在加利福尼亚州，一个相貌姣好、有古铜色皮肤和聪明头脑的人同时也会很有礼貌。

可以自由决定的行为，正如弗里德曼与弗雷泽为了让家庭主妇同意在花园里竖牌子而提出的请愿书签名[①]，以及凯斯勒与同事们为了让年轻女性参加到社会活动中而提出的签名。伪善的新颖之处体现在下一步里。

在你觉得签完名就可以了的时候，对方又提出让你回忆一下你曾经浪费水的经历。于是你开始在脑海里翻找。你首先想到的是早上那次淋浴，你在温水下面待的时间有点长；接着你又想起一连串浪费水的镜头来：刷牙的时候大开着的水龙头，漏水的马桶，浇草坪用了太多水，等等。这可不得了，原来我干了这么多坏事！忏悔过后，对方就离开了，你终于可以好好冲澡了。你不知道的是，你接下来花在淋浴上的时间不知不觉地被你缩短了。

迪克森、蒂波多、阿伦森与米勒就于 1992 年进行了这样一项实验，结果学生们淋浴的时间比平时（5 分钟）缩短了（3 分半，创纪录了！），而在另外两组中，学生们分别只被要求签署一份倡议书或者回忆浪费水的经历，这两组的学生尽管也缩短了淋浴的时间，却仍然要花 4 分钟

---

① 我们在第四章中分析了弗里德曼与弗雷泽的这项实验（1966年），不过我们只提到了最有效的一个实验组（贴纸组），其他几个实验组效果也不错，尤其是让实验对象签署一份关于遵守交通规则的倡议书的实验组，在这一组中，同意竖牌子的主妇数量是对照组的3倍。我们在这里暗示的就是这个实验组。

左右。实验结果在那些鼓励别人去做连自己都做不到的事情的学生身上更加明显。

阿伦森与同事们进行了数个同类型的实验，遵循了同样的原理，得出的结论也同样具有说服力。这几位研究人员还成功地提高了学生购买安全套的概率（斯通、阿伦森、克雷恩、温斯洛与弗莱德，1994 年）。

遗憾的是，大部分老实人并不知道这项实验，而它很可能为老实人的生活“锦上添花”。我们再回过头来看看之前提到的让孩子守秩序、讲卫生的实验。当时我们已经说过，对孩子的劝说和贴标签技巧都具有一定的局限性。其实老师利用伪善也可以达到同样的效果。

“托马，你来说说，做一个干干净净的孩子好不好？”

“当然好了。”

“你愿意去告诉你的同学们要做一个干净的孩子吗？”

“愿意。”

“那你再说说，昨天课间休息的时候，有人给你们发了糖果，你后来是怎么处理糖纸的？”

“扔在地上了。”

“今天早上，你来到黑板前面的时候，手绢从你的兜里掉出来了，你又是怎么做的？”

“我没有捡起来。”

任何一位教师或者家长都可以使用这种技巧，也基本看不出这一技巧比平时教师们常用的标签（“努力的孩子”“马虎的孩子”“淘气的孩子”）[①] 与家长们常用的标签（“真是个好孩子”“说谎的孩子”“你一无是处”）[②] 高明多少。

出于保守一些行业秘密的需要，我们在此将不会分析伪善在企业中，尤其是在年终总结谈话（如考核性质的谈话或者夸奖类谈话）中的应用。

从其原理的角度来看，伪善离不开铺垫性行为。加利福尼亚州的姑娘们出于自愿在倡议书上签了字；托马自愿站出来对同学们说要做干净的孩子；在斯通、阿伦森、克雷恩、温斯洛与弗莱德的一项研究（1994 年）中，学生们自愿制作了一段鼓励使用安全套的 DV；O 夫人自愿找论据来说服多尔马蒂人民遵守交通规则。这些都属于铺垫性行为，人们很容易把它们和门槛效应中的铺垫性行为搞混。确实，伪善从本质上说是一种更加精妙的非明确请求型门槛效应，它的精妙之处就在于它将行为复杂化（比如添加了一个新的环节：回忆自己的错误），其效果是简单的门槛

① 学生评价手册上最常见的3种评价，当然还包括最经典的“有能力，但能力不强”。另外一些不那么常用的评价也分量十足。我们最近还见到了一名法语教师给出的更经典的评价：“只有懒惰的水平高出了平均线。”

② 家庭中最常见的3种评价，另外还有“坏孩子”“没礼貌”等。我们最近还听到有家长说自己的孩子“没教养”，真让人无语。

效应所达不到的。这其实并不新鲜，对操控术最佳效果的追求通常就在于把好几种操控术放在一起使用，多多益善这个词照样可以用在操控术上。你也去试试吧！我们在下一章就会着重讨论操控术的组合使用问题。

## 第七章

# 越来越复杂的操控术

# 大餐中的小菜：将大型操纵术的效果发挥到极致

## 门槛效应中的接触技巧

我们再到那家超市里去。女士，请回忆一下：有个推销员拉住你的胳膊，让你尝了一块比萨，你觉得味道还不错。然后你开始采购：水果、蔬菜、矿泉水。你还在中央通道试了一双鞋，记得吗？不记得了？好吧，我们再来回顾一下当时的场景。你的手推车当时差不多满了，像往常一样，你最后去的是乳制品柜台和肉类柜台，两个柜台之间是熟食货架。“为什么不试试呢？”你一边说，一边拿了一盒众乐牌比萨。

问题：你觉得在门口被推销员拉了一下胳膊会影响你后来的行为吗？

答案：是的，很有可能。

这则关于比萨的小故事的灵感来自于史密斯、吉埃与威利斯于 1982 年进行的一项实验，这项实验就是非明确请求型门槛效应与接触技巧相结合的经典案例。实验在堪萨斯城的一家超市内进行，一名实验人员假扮成超市推销员向独自购物的客人推荐某品牌的比萨。实验中，他拉住了其中一半客人的胳膊。我们已经可以猜到了，这样一个简单的肢体接触显著提高了愿意品尝比萨的客人数量（被拉住的客人中有79%同意品尝，而对照组中只有51%）。无论有没有肢体接触，实验人员都会询问客人他们对产品的感受，并让他们从0（非常糟糕）到10（非常美味）为比萨打分。在口味方面，被拉住的客人和没被拉住的客人之间是没有任何区别的，然而他们之后的采购行为却大有不同：在被拉住的客人中，有37%最终购买了该品牌的比萨，而对照组的数字是19%。

这项实验反映出了两个足以让我们感到吃惊的结果。第一个结果是对产品的评价与是否购买产品之间毫无关联。事实上，被拉住的人并不比没被拉住的人更喜欢比萨的口味，两组客人对产品的平均评价完全一致（均为8.5分），然而实验组购买比萨的人数却是对照组的两倍！这样的结果对并不了解社会心理学发展情况的人来说可能有些不可思议，比如经济学家和广告业人士，而社会心理学家们早已开始适应这种态度（如看法、信仰、价值观等）与行为不一致的现象了[①]。这种现象无论是在实验室还是在

① 20世纪30年代，拉皮埃尔的研究就曾指出了这些现象，到了40年代，列文的研究则进一步证明了这一点。

现场实验都十分常见，实验人员无法通过态度的区别来解释行为的区别，比如一个人对他完成的任务（比如拼图游戏）所表现出的兴趣[①]（即态度）与他愿意花在上面的时间[②]（行为）毫无关系。换句话说，一个人自愿投入到某种活动中去的可能性并不取决于他对这项活动的兴趣。因此，态度并不能用来预测行为。

第二个结果则是接触技巧的效果对行为的影响。首先，接触技巧提高了客人接过并品尝推销员递给他的比萨的可能性。不过最惊人的并不是这一结论，毕竟我们已经知道了接触技巧对接受请求的影响。接触技巧还提高了购买比萨的可能性，这一结论就比较特别了。当消费者决定购买该品牌的比萨时，他早就从他与推销员之间的商业关系中跳出来了，因为他品尝比萨后还进行了其他购物。当他经过熟食货架时，尽管他还记得刚才品尝过比萨，但他已经忘记自己曾经被推销员拉住胳膊了。不过事实摆在那里，品尝比萨前被拉住胳膊的人购买比萨的比例是没被拉住胳膊的人的两倍。在这项实验中，接触技巧促成了两个行为的发生：品尝比萨和决定购买比萨，这两个行为在非明确请求型门槛效应中呈现出连贯的逻辑关系。品尝比萨

---

① 研究人员为兴趣的浓厚程度划分出了不同的等级。

② 德西，1975年；尼斯贝特与威尔森，1977年；威尔森、赫尔与约翰森，1981年。

对应的是铺垫性行为，而决定购买比萨对应的则是期待行为——购买某品牌比萨——发生的可能性。

史密斯、吉埃与威利斯的实验结果表明，接触技巧能够增强非明确请求型门槛效应的效力。那么，在明确请求型门槛效应（即传统门槛效应）中也会是如此吗？3 年后（1985 年），高德曼、清原与范南斯戴尔公布了一项实验结果，对上述问题给出了肯定的答案。这项实验也在堪萨斯城进行，实验对象是学校图书馆里刻苦学习的学生。实验人员在图书馆大厅里拦住他们，并碰触其中一部分人的手臂，同时向他们打听教育学大楼的位置，该大楼实际上离图书馆很近。得到答复（铺垫性行为）后，实验人员就离开了。显然，他碰触部分实验对象的手臂并不仅仅为了提高自己获得答复的可能性，因为他提出的只是一个非常普通的问题，任何一个人都会毫不犹豫地给出答复。因此，无论是否被碰触了手臂，所有学生都自愿告诉了他教育学大楼的位置。接触技巧的效果其实体现在了后来的一个成本明显很高的行为上。

第一个实验人员刚刚离开，第二个实验人员就跑过来请求学生们为一项高尚的事业贡献一些时间：

“你好，”他说道，“我正在找人，看看谁能下个月抽出 2 个小时来接听残疾儿童的专线电话。你愿意吗？”

这位实验人员没有碰触任何人的手臂，可能是为了遵守人与人之间一臂距离的规则。此外，依照科学实验，尤其是社会心理学实验的一条基本方法原则[①]，这位实验人员并不知道哪些人先前曾经被碰触过，这样就可以保证这位实验人员以同样的方式对待每一位实验对象。实验结果令人难以置信，在被碰触过手臂的学生里，有 40% 的人同意了他的请求，而没有被碰触过的学生里只有 5% 的人同意。

如果科学杂志里只有一两个这样的实验结果，我们一定会对其持好奇甚至是怀疑态度。不过，如今我们已经知道接触技巧并非天方夜谭，尽管关于它的理论还不够成熟，还要再等上几年才能完全解开关于它的所有谜题。总之，在传统门槛效应和非明确请求型门槛效应中使用接触技巧可以大大提高这两者的效力。让好奇和怀疑见鬼去吧！

### 门槛效应中的贴标签技巧

关于儿童社会化的问题一直是辩论的热点。绝大部分教育人士都猛烈抨击社会影响的作用，尤其是操控术这一概念。他们也许更愿意每次看到孩子的一点进步就惊叹不已，同时还要感慨其中体现出的人性闪光的一面。在引导孩子讲究卫生的问题上，这些教育人士看到的是成年人在亲切地帮助这个孩子发现自己讲卫生的美好天性（就好像其他孩子没有

① 本书中提到的所有实验均遵循了这一原则。

这种天性似的），而我们看到的却是贴标签技巧的成功使用，真是惭愧。而那些最漂亮、最不该受到批评的教育方法，在我们看来，都只是贴标签技巧的应用或者将贴标签融合到门槛效应中去的结果，我们更应该感到惭愧了吧。

先抛开惭愧不说，儿童教育中有一个非常重要的问题：该如何向孩子灌输勇敢和利他主义这两种价值观呢？更确切地说，该如何引导孩子能够为了让其他小朋友少受一些罪而自己多受一些罪呢？

比如，打针对 10 岁的孩子来说并不是小事，孩子自愿接受打针的话，一定是鼓起了很大的勇气的。那怎么才能让孩子同意护士给他打不必要的针呢？接下来我们就会看到，如果为了达到这样的目的而使用传统门槛效应的话，把贴标签技巧融入进去将提高其成功率。实验（博瓦，2001 年，实验 2）分两个阶段进行。在第一阶段，实验人员让 5 年级[①] 的孩子品尝一种很倒胃口的汤，并宣称这样做是为了让大人更了解孩子的口味。当然，其中一些学生可以自由选择同意或拒绝品尝。然而，由于这项请求是在课上由成年人提出的，你们也知道，在学校那种气氛下，几乎没有学生有拒绝的勇气。不过首先要声明的一点是，汤的味道确实太恶心了。三分之一的学生被贴了“内在化”

① 法国小学为5年制。——译者注

的标签（“我知道你是一个勇敢的孩子”），还有三分之一的学生被贴了“外在化”的标签（“我知道你很明白大人眼里的好孩子是什么样子”），最后三分之一的学生没有被贴上任何标签。一周后，实验人员又回到教室里，告诉学生们，他现在为一位医生工作，这位医生发明了几种新的针头，能让打针变得不那么疼，但出于谨慎，在将这些针头大规模推广到儿童疫苗注射中之前，要进行测试。学生们会同意试针头吗？实验人员给自愿参加测试的学生看了四种针头的照片，针头长度从 1.5 厘米到 5 厘米不等，并让他们自己选择想尝试的针头。

我们得出的第一个结论：门槛效应又一次起了作用。正如我们预料的那样，在接受针头测试的学生数量上，喝汤时没被贴标签的学生比根本没有被请求喝汤的学生要多。实际上，学生们并没有喝汤，实验人员是本书的作者之一，他也不是虐待狂，因此在最后一刻借口热汤用的炉子坏了（借口当然好找咯）而终止了实验。由此可见这样的结论更加具有说服力。

第二个结论：在接受针头测试的学生数量上，实验第一阶段被贴了“外在化”标签的学生比被贴了“内在化”标签的学生多。我们仍然可以预料到，接受针头测试最少的是实验组的学生（25%）——在他们身上既没有使用门槛效应也没有使用贴标签技巧，其次是被贴了“外在化”

标签的学生（45%），再次是没有被贴标签的学生（58%）。而最多的则是被贴了“内在化”标签的学生（70%），他们甚至准备迎接最大的挑战：在这组学生中，不但愿意接受针头测试的学生人数最多，而且他们均倾向于选择最长也就是扎起来可能最疼的针头！这种“内在化”标签只是寄予学生们一种社会公认的人格特质评价，即“你是个勇敢的孩子”，却达到了最佳的效果。5 年级的孩子已经懂得什么是人格特质，也了解社会评价标准，即内部化标准——每个人都可以通过这种标准来为自己做的事情或者发生在自己身上的事情找到原因，因此这种标签才达到了最佳效果（迪布瓦，2009 年）。不过这种标签用在更小的孩子身上就不知道是否有效了。

贴标签技巧让 5 年级的学生表现得十分勇敢，出于利他主义自愿受苦，而真正能让孩子更好地认识自己的教育工作正是以此为依托的。可以这么说，老师从来都不会乱用贴标签技巧——他们很清楚自己在说什么，被贴了标签的学生因此能够更好地了解自己未来的人格和自己的发展趋势。更何况，在上述实验及其他类似实验中，给学生们贴标签的是扮演着权威角色的成年人，他们在孩子眼里甚至是全能的，他们所说的话一定都是真理，这使贴标签技巧的效果更加明显了。

然而我们不会满足于这种解释，因为它仍然具有一定的局限性，标签的分配显得太随意了一些，被贴了“内在化”标签的孩子也可以被贴上“外在化”的标签,反之亦然。因此，让学生们表现出勇气的是标签本身，而不是他们本应该发现的自己身上的特质。不过，对成年人来说，尽管他们用不着实验人员帮他们发现自己的人格，但贴标签技巧在他们身上却同样有效。接下来我们看看这样一种标签：街道标签。

假设你正在巴黎，或者阿维尼翁，或者随便哪个城市的一条街道上散步，走在你前面的一个陌生人身上掉出来一张钞票。你会怎么做？你当然会提醒他掉钱了。为什么？当然因为你是个老实人，这就是你的本性、你的人格。掉钱这件事从某种意义上说反映出了你的本质。然而，你并不会将你的诚实与刚刚发生在你身上的一件事联系到一起：还记得吗？不到10分钟前，有位游客向你问路，你帮了他，其他人也会这么做。他走开之前说的一句话你可能根本就没当回事：“能遇到您这么好的人，我可真走运。”然而，很有可能就是这样一个标签驱使你随后提醒那位陌生人他掉了钱。

这种经历可不是凭空捏造出来的，魅力古城艾克斯[①]的路人就做过类似的事情（儒勒，2003年）。第一位实验

① 法国城市，位于罗讷河口省，属普罗旺斯地区。——译者注

人员在人行道上故意掉了一张 10 欧元的钞票，第二位假装遛狗的实验人员作为目击者在场，所有实验对象无一例外（100%）都表现得十分诚实。可当没有目击者在场时，情况就完全不同了，只有 30% 的散步者表现诚实，大部分人把钱捡起来装进了自己的口袋。[①] 难道必须有人在场才能诚实吗？其实让 30% 变成 69% 也不是什么难事，只要将非明确请求型门槛效应和贴标签技巧结合在一起用就可以了。几分钟前，第三位实验人员把自己装扮成游客，戴着一副墨镜，看上去快中暑了，叫住了作为实验对象的散步者，对他们说：

“打扰一下，您能告诉我旅游服务处在哪儿吗？”得到回答后，他会再补上一句：

“谢谢，能遇到您这样的人我可太走运了，您真是个好人。”

这位实验人员任务结束，混入了街上的人群。几分钟后，在下一条街的拐角处发生了掉钱的一幕，当然，这一次没有目击者，而掉钱的则是另一位实验人员。这一次的结果要归功于非明确请求型门槛效应与贴标签技巧的结合使用。这里，铺垫性行为即是之前实验人员问路的行为，标签是那句“您真是个好人”，而最终的期待行为则是提醒实验人员掉钱的事情。单独使用门槛效应的话，效果并

① 请各位放心，我们并没有随意浪费纳税人的钱，掉在地上的钞票只是一张仿制品。

不是很好，提醒掉钱的比例不会超过40%，原因很简单：铺垫性行为的成本太小了，而且整个行为只持续了几秒钟，就是一句话的事："很好找，第一个路口右转就可以了。"不过别误会，这是实验人员故意安排的一个实验条件。在另一项同样原理的实验中，儒勒提高了铺垫性行为的成本，结果提醒掉钱的比例接近70%。在这项实验（儒勒、坦伯尼与塔法尼，2000年）中，实验人员假扮的游客让指路人跟他一起走上大约100米的弯路，以便更好地指明方向。

说到底只是"剂量"的问题，这一剂量给铺垫性行为赋予了或多或少的参与度。[①] 无论如何，重要的一点是要让对方能够在他的行为（为他人指路）和他的本性（好人）之间建立起联系。原则上说，贴标签技巧推动了这一联系的建立。不过正如上文所说，我们仍然可以在之前提供帮助的成本上做手脚。显然，让一个人指完路以后再多走几步路，比只让他站着不动指路更能给他一种"我是好人"的感觉。无论实验人员通过何种方法让实验对象将自己的行为与本性建立起联系，只要联系一建立，根据参与理论（见第三章），我们就能预测到实验对象提醒掉钱的概率会有很大提高，本

① 儒勒、坦伯尼与塔法尼的实验结果与之前门槛效应专家关于铺垫性行为成本的说法（见第四章）并不矛盾。仔细分析一下的话，我们会发现这次实验中有两个铺垫性行为：指路（第一个铺垫性行为）与走100米的弯路（第二个铺垫性行为）。因此，这并不是一个标准的门槛效应，而是我们后面会讲到的双重门槛效应。

次实验结果就证明了这种预测的正确性。一个好人怎么会把一个可怜人掉的钱装进自己的口袋呢?

我们之所以把上述实验拿出来分析是有原因的。我们希望通过这项实验来说明，像门槛效应这样的高级操控术，在特定情况下通过特定铺垫性行为来实现，如果想要效果更好的话，是需要某种附加技巧来助其一臂之力的，比如贴标签技巧、接触技巧、嘴甜效应和“由您自己决定”技巧等。

## 大餐中的大菜：大型操控术的组合使用

刚刚分析的几项实验都是将一种小型技巧（如第一段中的接触技巧和第二段中的贴标签技巧[①]）加入到一种大型技巧（门槛效应）中去，以强化操控效果。我们将上面提到的两种组合（门槛效应和接触技巧与门槛效应和贴标签技巧的组合）视为这一领域最具有代表性的实验。

我们完全可以再设计出更多其他类似的实验（霍华德，1995 年；富万提亚，2000 年；儒勒，2001 年）来，总之，

① 尽管贴标签技巧被视为小型技巧，但它在行为价值观教育方面的作用却不可小觑（博瓦，2011年）。

操控技巧的组合使用为研究人员开拓了一片新的领域，让他们能够自由进行科研工作并发挥自己的想象。

为什么不在闭门羹效应的第一个请求前用上嘴甜效应呢？为什么不在门槛效应的最终请求前用上担心—放松技巧呢？同理，启动效应也可以和接触技巧或者贴标签技巧合用，还可以三者统统放在一起用。再同理，除了将小型技巧加入到大型技巧中以外，也可以重复使用同一种大型技巧，或者两三个大型技巧放在一起用，再或者无论技巧大小，好几个放在一起混用。这就牵扯到如何让“自愿屈从”这种结果达到最佳状态的问题，我们既可以通过不同的形式重复使用同一种技巧，也可以将不同的技巧放在一起混用，这个问题一直吸引着研究人员的眼球。20 世纪 80 年代，高德曼为检验双重门槛效应（高德曼、克里森与麦考尔，1981 年）和双重闭门羹效应（高德曼与克里森，1981 年）的效力而进行了几项实验，正是这些实验为此领域的科研工作打开了新的局面。

双重门槛效应的原理是在最终请求前实现两个铺垫性行为，其中第二个行为比第一个行为的成本要高，但肯定比期待行为的成本要低得多。通过实验，高德曼证明，引入的第二个铺垫性行为（在家听半个小时的收音机来为接下来的电话采访做准备）虽然比第一个铺垫性行为（回答几个关于广播内容的问题）成本高，却能够大大提高获得期待行为的可能性：给 50 个人打电话，让他们回答关于广播内容的问题。

双重闭门羹效应的原理是在最终请求前提出两个让人完全无法接受的请求，其中第二个请求比第一个请求的成本要低。高德曼实验得到的结果是，先提出一个成本高得离谱的请求（给 150 个人打电话，让他们回答关于广播内容的问题），再提出一个虽然成本没那么高却也让人无法接受的请求（把人数降到 100 个），也能大大提高获得期待行为的可能性：给 25 个人打电话。

高德曼的研究并未止步于双重门槛效应和双重闭门羹效应，他还率先发起了关于将两种大型操控技巧——门槛效应与闭门羹效应结合使用的研究（高德曼，1986 年）。实验人员通过电话号召市民积极参与到为堪萨斯城动物园募捐（以邮件的形式）的活动中去，在此之前，他先提出了两个请求，一个属于门槛效应的铺垫性行为（接受一个关于动物园的简短采访），另一个属于闭门羹效应的铺垫性行为（拒绝通过电话采访 150 个人）。两个技巧结合后的效果比单独使用其中任何一种的效果都要好。五年后（1991 年），霍尼克、扎格与谢德南又证实了启动效应与门槛效应结合的效果。这期间，儒勒也证实了这两者结合的效果（儒勒，1987 年）以及门槛效应与诱饵手段结合的效果（儒勒、格鲁尤与韦伯，1989 年）。

事实上，由专家将几种操控手段放在一起使用时可以达到最佳效果，甚至还能让对方做出成本非常高的行为。

为了让各位读者更信服，我们现在要细致地展示一系列将不同操控技巧放在一起使用的实验( 儒勒,1987 年,1989 年,1990 年 )[①]。实验的目标是让烟民主动戒烟,时间从 18 个小时到 7 天不等。

### 戒烟是件很简单的事儿，我戒过五六次呢

想让烟民戒烟可不容易。让他在家庭聚会时别抽烟或者出去抽可能还好说，但是如果直截了当地让他一晚上不抽烟他可就不会答应了。为了达到目的，我们决定使用一些小伎俩。首先，我们在艾克斯大学校园里寻找正在独自吸烟的学生，借口正在进行一项关于大学生烟草消费的调查，询问他们每天消耗烟草的数量。对于那些每天抽 15 支烟以上的学生，我们会问他们是否愿意参加一项测试烟民注意力集中能力的有偿（7 欧元）实验（最终请求），不过需要他们在 18 个小时（从实验当天晚上 6 点至第二天中午 12 点）内不吸烟。只有 12.5% 的人（对照组）接受了我们的请求。在这里，他们要做出的决定（口头层面）是不吸烟，但是算不上真正的戒烟。于是实验人员和这些接受请求的学生约好了一个时间。这样一来，学生在实验当天可以去参加实验，当然也可以不去。就算他们去了，

① 进行这些实验时，欧元尚未开始流通，为了方便理解，我们在下文中会根据通胀率将法郎换算成欧元。

他们还是有可能在 18 小时的戒烟时间内中途放弃，也就是说第二天中午他们可能不会再出现在实验室。如果学生们做到以下几点，我们便认为他符合实验要求，结果有效：

1. 在实验当天现身实验室；

2. 第二天中午再回到实验室，且保证 18 小时内确实没有吸烟（行为层面）。这样的学生占总人数的 4.2%。

请各位读者记下这组数据（口头层面的 12.5%，行为层面的 4.2%），以便与接下来的其他实验结果进行对比。

### 门槛效应与启动效应

我们通过接下来的手段让 18 小时不吸烟的人数增加了 20 倍（真的是 20 倍哟）。

同上次一样，实验人员叫住在学校里独自吸烟的学生，询问他们的烟草消耗量。学生们给出的回答便是本次实验的第一个铺垫性行为。如果学生回答每天要抽 15 支烟以上，实验人员会接着问：

“我正在为一项有偿心理实验招募吸烟的志愿者，报酬是 10 欧元，实验大概持续 1 小时左右。”

实验人员的目的在于让对方做出启动效应中的第一个决定，几乎所有人都做出了这一决定。[①] 接下来，实验人

① 参加1小时的心理实验就能赚10欧元，这种机会可不是天天都有的。

员让他们填写了一份简短的调查问卷（新的铺垫性行为），问卷同时也是他们报名参加实验的资格表，然后宣布稍后会电话联系他们。一周后，学生们接到了实验人员的电话：

“您好，我想跟您沟通一下关于我们烟草实验的问题，您曾经填写了参加本次实验的资格表，恭喜您获得了参加实验的资格，我想和您约个时间。本次实验分两个阶段进行，也就是说您要来两次实验室，第一次是在晚上6点，第二次是在第二天的中午12点至下午2点之间；第一次实验大概要进行半个小时，第二次大概15分钟。您现在手头有笔和记事本吗？您方便哪天过来？”

可见，实验人员并没有给学生施加任何压力。此外，尽管实验的成本比原来说好的高——实验人员一开始并没有提到要去两次实验室，学生们仍然全部同意参加实验。这次约定时间是学生们做出的第二个决定，也是启动效应的成果：学生们从电话里得知自己最初的决定（参加实验）存在某种不便，但这并不妨碍他们坚持自己的决定。这次约定时间其实还可以被看作一种“过渡决定”，它既夯实了第一个决定，也为下一个决定做准备。实验当天晚上6点，学生们来到了实验室。实验人员接待了他们，并对他们表示了感谢，随后告诉了他们两条此前一直保密的重要信息：

“这项实验意在测试烟民的注意力，更确切地说，是研究戒烟对烟民注意力的影响。我们让各位来两次实验室，是为了分别测试你们在第一天（戒烟前）和第二天（戒烟后）的注意力。所以我们需要几个为了实验能做到整晚不吸烟的人，也就是从现在，晚上 6 点开始，直到明天中午（第一个缺点）。不过我们当然不会强迫各位必须参加这项实验，你们可以自行决定……而且我之前忘了说，这次实验的报酬不是 10 欧元，而是 7 欧元（第二个缺点）。最近的紧缩政策导致所有实验的项目经费都或多或少地被砍掉了一部分。你们是否还愿意继续参加实验，请一定告诉我实话，即便你们不想参加我也能理解。”

面对既成事实，我们还是要强调一下，学生们是完全自愿做出最终决定的。学生们确实可以拒绝参加实验，如果他们像对照组的学生一样从一开始就知道这项实验的所有缺点，他们一定会拒绝的，然而，在启动效应的作用下，只有极少数学生（4.8%）最终选择了放弃。换句话说，95.2% 的学生在了解了所有情况后仍然同意参加实验，为了 7 欧元而立刻停止吸烟。更喜人的结果还在后面：有 90.5% 的人真的坚持到第二天一直没有吸烟并且回到了实验室！

虽然看上去有些夸张，但口头层面的结果（95.2%）还是比较好理解的。为了能参加这项实验，先填了资格表，又来到了实验室，还与实验人员——即幕后操纵者——见了面，这时再拒绝的话多少会感到有些尴尬。行为层面的结果就有些令人困惑了。我们起初觉得，跳出实验去看的话，学生们很快就能意识到他们掉进了一个陷阱，并改变自己参加实验的决定，让实验人员看看，他们并没有被轻易操控。而实验结果表明他们根本不是这么想的：他们坚持了实验当天做出的决定，而且一如既往地是在完全自由的情况下。

我们都能够注意到，这些学生所处的境地十分矛盾。一方面，我们费尽心思把学生们放在一个他们几乎不可能说“不”（铺垫性行为、最初决定、过渡决定等）的情境里，另一方面，我们这些支配着学生的人又宣称他们完全可以依自己的意愿行事。而正是在这样一种极受限制的情境下，自由选择才体现出了最高的参与度：除一人以外所有的实验对象（19/20）第二天回到实验室时都保持一整晚没有吸烟。在这里，我们就要思考一下自由这一概念在我们文化中的应用了（博瓦，2013 年）。通常情况下，如果对方一方面限制你的行为，一方面又宣称你可以自由决定，那么我们倾向于认为在你屈从的过程中，自由感的参与度是最高的。如果不想让你对自己的决定坚持下去，那就要让你根本不参与到自己的决定中去，不过这就需要你能意识到这个决定不真是由你自己做出的，而是对方强加于你的。这在我们如今宣扬自由的社会里并不容易做到：没有人会轻易放弃自由，尤其当这种自由还是由那个限制了我们的人给予的，这样一来，我们就走向了一种矛盾的屈从，即自愿屈从（儒勒与博瓦，2009 年）。

刚刚实验（儒勒，1987 年）中的屈从比例极大地展示出了操控术的效果，据我们所知，这在科学界还是十分罕见的。我们倾向于相信，这是一次精心设计的操控术的成果。它首先引发了门槛效应中的两个铺垫性行为（说出自己的烟草消耗量，以及填写一份报名资格表），随后是两次启动效应，由最初的决定（参加一项心理实验）带来一个“过渡决定”（去两次实验室），然后又引出最终决定（一整晚不吸烟）。

### 7 天的思考时间

我们就这样止步于此了吗？既然能让人一整晚不吸烟，应该也能让他戒烟的时间更长一些。我们知道，如果能让对方做出一个成本很低的铺垫性行为，就能提高让他做出高成本行为的可能性，这就是我们现在已经再熟悉不过的一项大型操控术的理论基础，即门槛效应。因此，根据参与理论，如果能让对方做出一个高成本的铺垫性行为，就一定能提高让他做出成本更高的行为的可能性。毕竟，如果接受第一个成本较低的请求时已经引发了一定的参与度，那么接受第二个成本较高的请求就是顺理成章的事情了。所以我们现在看到的是一种滚雪球效应，接受第一个请求提高了接受第二个请求的可能性，同理，接受第二个请求又提高了接受第三个请求的可能性，以此类推。“欲罢不能”[①]一词就体现了这一连锁反应。这里面的“齿轮效应”指的就是让对方做出一系列成本不断提高的决定。

为了检验这一理论，儒勒在艾克斯又进行了一项新的实验（1989 年），希望能证明如果让一个人戒烟 18 个小时，就能进一步让他戒更长的时间——3 天。

在此项实验中，让学生戒烟 18 小时的手段严格按照之前那项实验的步骤进行，我们就不赘述了。在做出了戒烟 18 小时的决定后，实验人员让这些学生下周参加另外一项需要戒烟 3 天的实验。诚然，这种请求对一个一天要抽 15 支烟的人来说还是比较过分的，所以我们觉得有必要告诉实验对象，这次实验的报酬将达到 30 欧元。实验组有 91.7% 的学生接受了我们的请求，而对照组只有 25%，这一组中，实验人员只是直接请学生们参加一项需要戒烟 3 天、有 30 欧元报酬的实验。

### 行为上的合理化与滚雪球效应

上述结果揭示了参与度的强大力量。为了理解这一

① 原文字面意思为“将手指放到齿轮系统中去”，下文中提到的“齿轮系统”一词即由此而来。——译者注

点，我们先站在那位需要立刻戒烟 18 小时的学生的角度思考一下整个过程。我们可以猜到，在做出这一艰难的决定后，学生禁不住会自问：“18 个小时不抽烟……我这样做到底对不对？”在他针对这个问题给出满意的答复之前，实验人员会给他一个机会，使这个决定看上去还算合理，这个机会就是让他做出一个同性质的行为，他一定会抓住它。那么，最终决定如果出现的时机恰到好处的话，对他来说就是这样一个机会。他之前做出了戒烟 18 小时的决定，下一次还让他戒烟，而时间延长至 3 天，对他来说，这就是证明他之前那个决定合理的机会：“如果我之后能连续 3 天不抽烟，那现在 18 小时不吸烟绝对是没问题的。”这里就出现了一个很特别的心理过程：在学生为自己的行为费尽心思寻找理想的解释，也就是将自己的决定（为了相对比较单薄的报酬而戒烟 18 小时）合理化时，实验人员给了他一个自我证明的机会，虽然这个机会并不算太理想，但至少为他之前的决定提供了依据，学生是不会放过这个理清思路或者说减少认知不协调[①]的机会的。这样一种合理化必然要带来相应的行为，所以我们将其称为“行为上的合理化”（儒勒与博瓦，1998 年；博瓦与儒勒，1999 年）。

① 这里涉及的是费斯廷格的认知不协调理论，我们之前提到过该理论，它可以被视为美国版的参与理论（博瓦与儒勒，1996年）。

**彻底戒烟？**

我们以自愿屈从为理论基础，通过将双重门槛效应与双重启动效应结合使用，以极高的比例（95.2%）让学生主动戒烟 18 个小时。刚才提到的“齿轮系统”造成了一种滚雪球效应，曾决定 18 小时不吸烟的学生，几乎全部（91.7%），同意参加接下来需要戒烟 3 天的实验。不过直到现在都只是决定而已，也就是说停留在口头层面。排除了好奇心作祟的可能，我们仍然难免生疑：双重门槛效应与双重启动效应的结合使用让学生不但在口头层面，也在行为层面做到了戒烟 18 小时。那么滚雪球效应诱导出来的戒烟 3 天的决定也能在行为层面实现吗？或许你们已经猜到，答案是肯定的，73.3% 的学生真的做到了 3 天不吸烟！

显然，我们又动了让学生戒烟时间更长的心思，这次的目标是 7 天。上一次同意戒烟 3 天的 20 名学生里有 10 名接受了戒烟 7 天的挑战。他们斗志昂扬地来到实验室，宣称自己将戒烟一周（7 天）。最后，有 8 名学生做到了这一点，也就是最初人数（20 人）的 40%。“齿轮系统”的效力可见一斑。

问题：这种戒烟实验最终会影响这些学生的吸烟量吗？答案：会。我们设置的情境都是极具操控性的，学生们都在这些情境下被引导着停止了吸烟。这种戒烟行为无论持续 3 天还是 7 天，都会对他们今后的吸烟量产生明显影响。在两次实验（戒烟 3 天与 7 天）后，我们发现，学生们日常吸烟的数量都显著减少。戒烟 3 天的学生在实验结束一周后日均吸烟量减少了 9 支，一个月后减少了 5 支。而戒烟 7 天的学生则在实验结束一周后日均吸烟量减少了 14 支，一个月后减少了 11 支（儒勒，1990 年）。

看来，以自愿屈从为理论基础的操控术还是十分有效的，尤其当我们将几种不同的技巧叠加在一起，形成一种新的、效果更好的操控术，借以让他人做出他们自己肯定不会主动去做的高代价决定，甚至还可能让他人的行为发生对社会有利的改变。这项实验得出的结果还会让烟草成瘾专家眼前一亮。一个月之内让一名烟民的烟草日均消费量下降 50% 以上，这个数字不容小觑；更何况，同意参加实验的学生们来到实验室的那天，既没想减少吸烟量，更没想戒烟。另外，也没有人让他们在实验结束后少吸烟，他们可是完全“出于自愿”这样做的！

## 一种新型干预

这里就要仔细谈谈一种新的心理干预或者说社会干预了。这种干预的理论基础是心理参与理论（儒勒与博瓦，2009 年），它可不是几个年轻的研究人员面对神奇的实验结果而一时兴起提出来的。例如，门槛效应在众多心理干预与社会干预案例中，尤其是市场营销方面（维恩特，

1996 年），都发挥了很大的作用。本书的作者也曾经在心理干预中使用门槛效应，用于帮助人们重新步入职场、预防艾滋病、减少工伤意外的出现等（儒勒与博瓦，2009 年）。类似的案例还包括献血、捐献器官（卡杜齐与多瑟，1984 年；康特里尔，1991 年；儒勒、贝尔纳、盖斯勒、吉朗多拉与哈里米 – 法尔科维奇，2010 年；埃萨尔捷、儒勒与吉梅里，2007 年）、医院内传染病的预防（吉朗多拉、儒勒、贝尔纳与苏谢，2012 年；坎塔尔、勒克里克、帕斯卡、罗涅埃斯与帕内科斯，2010 年）、医学治疗（帕特南、芬尼、巴克利与邦纳，1994 年）、不投票现象（霍阿劳如儒勒，2001 年；德尚、儒勒与朱米，2005 年）以及交通事故的预防（盖勒、卡尔舍、拉德与雷曼，1989 年）。门槛效应在能源节约领域（帕拉克与康明斯，1976 年；博瓦与儒勒，2000 年；儒勒与贝尔纳，2004 年）、环保领域（王与卡捷夫，1990 年；儒勒、贝尔纳与哈里米 – 法尔科维奇，2008 年）以及对大型事业的捐助（维恩特，1984 年）方面的应用也十分常见。此外，门槛效应在心理治疗方面还起着重要的作用（沙金、马哈里克与克莱鲍恩，1989 年）。

不要认为参与效应会在短时间内减退，有实验人员证明这种效应无须刻意关注就可持续数月（盖勒、卡尔舍、拉德与雷曼，1989 年），甚至在一年后仍然存在（柯柏恩、波特、利明与德怀尔，1995 年；博伊斯与盖勒，2000 年；

吉朗多拉与卢西奥，2003 年）。

此类心理干预或社会干预就属于本书所介绍的各种技巧，因此可能会被扣上“操控术”的帽子。确实如此。话说回来，这类新型的干预真的要比难以掌控的传统干预效果更好吗？各位读者会在随后的阅读中发现，事实并非如此（详见第九章）。

第八章

# 日常操控术

## I. 朋友与商人

## 大大小小的理由

正如本书所示，近年来针对操控术的研究多种多样，这一潮流始于20世纪中叶，不过对操控术具体使用效果的研究结果是近几年才逐渐公布的。这种现象的出现有以下几个原因：首先是学术方面的原因。传统上，学术界更侧重基础性研究，这一点确实无可指摘。其次是医学伦理学方面的原因。一位学者对某个现象进行研究，并将研究结果公之于众，这并不违背医学伦理学啊，可事实正相反，当你研究的现象每天都会发生在每个专家甚至是每个普通人身上的时候，研究这个现象就会变成一种被迫的任务了。实践方面的情况更微妙，尤其当实践的目的是潜移默化地影响人们的行为时。幸运的是，这方面的研究通常需要谨慎处之，所以相当一部分研究人员可以不必沿着已知的实践方面去进行研究。

以上学术方面与医学伦理学方面的原因比起意识形态方面的原因来就是小巫见大巫了。以我们对人类的理解，只有当一个人的意识形态趋于成熟或者当他接收到了新的信息时，他才会主动改变自己的行为。如果我们不改变这种印象的话，想大规模地影响人类的行为就只能靠劝说或者辩论了，无论是在市场营销领域还是政治或者其他领域，都是如此。如果一项民意调查牵扯到民主氛围下的思想碰撞，心理学家们一定会乐于参加的；如果在调查中市民能够自由地做出对自己负责的决定，他们就更会趋之若鹜了。相反，如果一项民意调查最终引发的行为是在意识形态不变的情况下做出的，那么心理学家们就一定会拒绝参加。自我分析理论以劝说为理论基础，倡导的就是这种先改变意识形态，再改变行为的模式，而且它排斥除自己以外的所有分析模式。它认为，人类就应该能进行自己决定自己的行为。我们稍后会分析这个问题。

除了上述理由外，还有其他一些也算说得过去的理由，它们属于市场运行规则范畴。毫无疑问，本书中所分析的操控术在商业和企业运作中得到了越来越广泛的应用。要知道，相当一部分关于门槛效应的研究结果是发表在《市场营销研究期刊》（*Journal of Marketing Research*）、《心理学与市场营销》（*Psychology and Marketing*）、《美国管理学会评论》（*Academic Management Review*）这类期刊上的。所以门槛效应的应用还是随处可见的，而之所以此类研究发表的数量不多，是因为它们牵扯到了商业机密。我们完全可以想象，一家大型企业的管理者绝对不想让竞争对手掌握他高薪聘请来的专家制定出的营销手段。

不管怎么说，如今已经发表的实验结果足以让我们了解各种真实有效的操控技巧了。另外，可以想见，这些技巧被应用到了无论好坏的各种事业当中（儒勒与博瓦，2009 年）。

只消看看身边的人，我们就会发现：操控术在社会生活中随处可见[①]，我们能够辨识出来的只是其中极小的一部分而已。操控术甚至普遍存在于我们与闺密、朋友、家人、伴侣、孩子等之间的关系里，因为我们总是对他们有所期待，他们对我们也是。操控术也不同程度地存在于我们所处的经济环境之中，操控的对象变为了成千上万的消费者，目的则是让他们购买这种或者那种商品。操控术还存在于思想碰撞激烈的政界以及各种社会活动中，如果没有铺垫性行为的话，社会活动的效果一定会大打折扣。最后，操控术还直接存在于权力关系中，如教师的权力、经理的权力、监管员的权力等，而且其效力可长可短。

---

① 人们倾向于把所有成功影响或者统治他人的手段都称作操控术，但是本书中所提到的操控术是严格意义上的操控术，指的是操控者所使用的心理手段的总和，被操控者完全意识不到这些手段的存在，从而做出期待行为。放弃自己所爱的人或者对敲诈勒索具有一定的敏感度，这类事情都不属于操控术。

我们接下来要谈的不是操控术在那些高大上的活动或者事业（交通安全、医学研究、各类预防措施、医疗、环保、帮助抑郁人群等）中的应用，而是它在日常生活中的点滴体现。

## 随处可见的操控术

我们就从最熟悉的操控术说起吧。这类操控术每天都会出现，不是别人用在我们身上，就是我们用在别人身上。它们分别是启动效应、门槛效应与闭门羹效应，这三者出现的频率有一定的差别；至于嘴甜效应、“由您自己决定”等技巧，由于它们出现的频率都过高，失去了典型意义，我们在这里就不赘述了。

在上述三种操控术中，只有闭门羹效应还没有完全进入到日常生活中，不过这可能是因为它太有悖于我们的第一直觉了。除了小商贩和谈判专家以外，谁还能想到使用让人先说“不”再说“是”的手段呢？

启动效应倒是来得更自然一些，但却存在合法性与道德方面的制约。如果做得稍微过分一些，那么启动效应的最终公布事实这一步轻则变成虚假广告或者对顾客信任的滥用，重则变成诈骗甚至是更严重的犯罪，就要诉诸法律了。

举个例子：你走进一家店，试了一件特别漂亮的黑色真丝小裙，裙子的标价是75欧元。试衣间镜子里那个自己仿佛在轻轻对你说：裙子大小正合适，简直是为你量身定做的。很快，你决定买下它，于是走向了收银台。想象一下，就在这一刻，商店的负责人硬着头皮对你说，裙子的价格标错了，实际价格应该是105欧元。这是一次纯粹的启动效应，纯粹到违反了法律的程度，你完全可以用75欧元买下这条裙子带回家。这才叫公道！虽然这种启动效应肯定是违反法律并要受到谴责的，但其他一些跟它没什么太大区别的启动效应使用后却完全不是这样的结果。如果以后你细心观察一下的话，你会发现自己总会碰到这种事情。想想卡尔森1973年提出的启动效应在汽车销售中的应用理论，你就明白了。其实，门槛效应才是操控者们的宠儿，因为它最容易想到，而且完全不存在违法的问题，会越用越上瘾。

接下来，我们会对以上三种大型操控术——闭门羹效应、启动效应与门槛效应——分别进行仔细分析，来发现这些操控术中最常见或最有效的因素。

## 闭门羹效应

经典的闭门羹效应案例比比皆是，可能某一天下面这种事情就会发生在你身上：一个背了一身债的朋友跟你借一大笔钱，数目夸张，而且他知道以你的能力根本不可能拿出这么多钱。帮助朋友是天经地义的事情，可这次你真的无能为力，也觉得很尴尬。朋友很会耍手腕，为了让你摆脱尴尬的境地，他会说：

"哪怕只借我 100 欧元或者 120 欧元，也算帮上大忙了。"

于是你借给了他 150 欧元，还一脸欣慰。

假设他直接跟你借 150 欧元，会发生两种情况：你要么同意，要么拒绝。即便你拒绝了他，你最后照样会被操控。闭门羹效应也许比我们想象得更常见，我们会利用这种操控术来获得漂亮的礼物以及吃大餐的机会，等等。不过这种操控术似乎一直没有被系统地应用到大规模的行为当中去，至少在法国还没有。这倒不是没有可能，我们认为，促销活动就会以某些高尚的价值（如文化与知识、卫生与健康、控制能源与环境保护等）为幌子，通过闭门羹效应来取得意想不到的效果（潘苏，利纳与富万提亚，2013年）。我们很容易就能想到这种手段的例子：先推出一项令人无法接受的促销活动，接着再为实际想推销的产品进行一次合理的促销活动。如果两次推销从本质上来说价值一样的话——我们在第五章中提到过，这个条件是必不可少的——那么这一手段就一定会有效。

其实早在若干年前，一名蹩脚的推销员就无意中对本书的一位作者用过这一招了。一天，这名推销员向这位作者兜售一本动物百科全书，后者既没时间也没兴趣，于是干脆地拒绝了她。正当他要关门的时候，推销员又问他要不要百科全书中介绍鸟类的那一册，只有十几页，价格低得可怜。很明显,这位推销员并不是在利用闭门羹效应（可能她的销售任务正相反呢，她也许本来想先推销单册再卖出整套）。自始至终她也没有用什么高尚的理由来粉饰自己推销动物百科全书的行为，诸如传播文化或者教育子女一类的借口。另外，她也没有试图证明购买全书中的鸟类分册能够扯上同样的高尚理由。最后，本书的作者既没有买百科全书，也没有买那本分册。不过这次失败的推销却让他开始审视这一蹩脚的推销手段，并将之视为闭门羹效应的雏形。其实从新手级闭门羹效应到专家级闭门羹效应只有一步之遥，任何一位具有创新精神或者听从了专家建议的市场部经理都能够迈出这样的一步。

想象一下，一天早上，你在信箱里发现了一封广告信。正如你所料，现代广告投放技术发展迅猛，广告信的收件人位置用粗体写着你的名字，连字写得都完全正确。信里当然不会说促销信息是专门为你一人准备的，就算说了你也肯定不会相信，而且只会觉得恼火或者疑窦丛生。总之，这封信措辞完全无误，就像是高级的广告学校或者商校里教出来的那样。

亲爱的贝奈先生：

我相信您必定一直梦想着家里能够拥有一所小小的社科人文博物馆。这一点无可指摘。作为一名现代人，您渴求知识，既醉心于艺术，又热衷于科学。

您一定希望这些知识在条理清晰、内容易懂实用的前提下，还要保证质量；您一定也希望这些知识涵盖的范围全面，且源自最新的研究成果。当然，您最关心的当然还是内容是否有足够的吸引力和教育意义，做到老少皆宜。

贝奈先生，您一定深知，这样的知识宝库对孩子的成功有多么重要。

现在，我们很高兴地告诉您，国际知名专家为您这样的顾客设计了一套《E佳博物馆》电子互动百科全书。该系列的第一张CD刚刚上市，接下来会以每季度一张的速度发行，共44张。

现附上关于第一张CD的简要介绍一份。这张CD的内容为艺术史，您会被它的人性化功能所吸引：您可按年龄（10岁以下、10—12岁、13—16岁、成年）或知识水平（0级、1级、2级）来选择您想进入的栏目。

您还会被它丰富的视频资料及其别具一格的教学测试与情景再现题目所吸引。

请马上访问我们的网站www.interactive-universum。别再犹豫了，您一定不会失望的。

这张 CD 的价格为 225 欧元，绝对物有所值。

支付方式十分简单，您只需每年一次性支付 899 欧元购买当年的四张 CD 就可以了。亲爱的贝奈先生，您一定能够理解，本套产品的重要性使其完全超出了日常消费的领域，我们需要忠实可靠的订购者，因此，您要承诺购买《E 佳博物馆》全套 44 张 CD。最后一张 CD 将免费赠送给您，所以全套价格为 9675 欧元。考虑一下吧，这个价格还不及您的爱车，可它对您的家庭来说却是一笔回报无限的投资！

看完这封信，你会是什么反应？当然是拒绝了。你可能会暗想："我确实是个现代人，我也确实很渴求知识，而且我也很在乎孩子的未来。可让我花 9675 欧元买一套光盘，没门！"不过那份 CD 的介绍设计非常精美，你甚至愿意花几分钟去欣赏这份介绍："真是太漂亮了……这种进度安排，依照每个人的情况进行，真是个好主意！确实让人想去网站看看那张 CD，可 9675 欧元还是……谁会愿意干这么奢侈的事情呢？"

想归想，你还是把信扔进了废纸篓。事情本该就这样结束了，可第二天你又收到了同一位经理发给你的信，说他们犯了个错误，上封信里只提到了《E 佳博物馆》百科全书，但他们其实还应向你推荐一次关于《E 人类》电子互动百科全书的促销活动，这套电子书具有同样的功能，也同样涵盖了丰富的人文社科知识。这套图书只有 7 张 CD，每半年发行 1 张。价格呢？ 1218 欧元，即每月只需 29 欧元，坚持 42 个月就可以了。

这封信的语气与上一封完全不同，而且这一次的 CD 介绍也更精美。如果闭门羹效应发生作用的话，比起没有看到第一套昂贵的 CD 的广告信而是直接收到第二封促销广告的情况，你会更有可能买下这第二套 CD。这种营销手段现在只是我们的想象，而并没有被落实到实践中去，不过这种情况完全可能发生。所以，如果明天你在自家邮箱发现了一封离谱的广告信，在你自动拒绝推销的时候一定要警惕接下来可能发生的情况。

## 启动效应

生活中，启动效应要更常见一些。昨天，我们遇见了一位同事，他给我们讲述了他在自己儿子身上使用的一次漂亮的启动效应。

“雨果，你可不可以骑车出去替我买包烟？哦，你在跟朋友一起玩啊……那就随你吧，不过如果你能去的话就是帮了我一个大忙了。你看，爸爸跟学校里的几个朋友一直在忙，现在都快 11 点了，我们还没忙完。”

“行，我去，爸！”

孩子骑上自行车，刚要出院门，他的父亲又补了一句：

“对了，儿子，你记得吧，雷纳超市周一关门。你得去圣-劳古-勒-维厄那边买。”

这可要骑上好一阵子呢。我们以为孩子会拒绝，他肯定没考虑过这方面的问题。花5分钟帮个小忙，这是一回事，可为了帮忙要让朋友等自己半个多钟头……然而，尽管看上去有些不高兴，孩子还是关上了院门，准备朝圣-劳古-勒-维厄奔去。

最讽刺的是，我们这位同事还觉得有必要分享一下经验，悄悄地跟我们说：

“你们都是心理学家，应该会同意我的做法：别强迫孩子去做什么，我就从来不强迫雨果做任何事。你们看他是个多乖的孩子，他总是知道自己该做什么。”

我们当然是心理学家，不过不是他说的那种。我们把这位父亲看作一名登峰造极的操控者，并把他的做法归类到了本书的第二章。

上述例子是最常见的启动效应中比较特别的一种情况。这类启动效应一开始都是提出一个无关痛痒的小问题，除非你在对方眼中是个特别难相处的人，否则对方一般都会回答“好。”“你可以帮我个小忙吗？”问题中的“小忙”可以是去酒窖里拿一瓶红酒，借一本书，还可以是放学去接孩子，只要不是让人家贡献出整个周六帮你搬家一类的请求就好。一旦你回答“好”，而这个请求对你来说有点过分的话，如果你想跳出这次启动效应，就很可能招来对方的怨恨。到那时，你就会明白，想要跳出启动效应太难了，还不如在对方提出问题时，不要满不在乎地回答“好”，而是先说：“那要看是什么类型的帮忙了”或者“你到底想让我做什么”“帮什么样的忙”。

如果将启动效应应用于大规模行动时，它能引发各种操控术，无论是缺德的行径还是缺不缺德仍有待商榷的行径都可以用得上它。凡是被缺德行径坑过的人都会对自己的经历记忆犹新。我们来说说这样一群 8 月份出去度假的巴黎人，他们被一则小广告所吸引，在网上预租了别墅：“奢华别墅，可一眼望见大海，坐落于普罗旺斯一个别致的小村庄里。”而 8 月 1 日迎来的却是失望。那个别致的小村庄实际上坐落于一个大城市以工业为主的郊区，而别墅的奢华也仅仅体现在它的租金上。不过咱们也别太毒舌了，天气好的时候，还是能越过最远处那排烟囱看见大海的。

再想想某些旅行社推出的诱人的促销活动，还有随处可见的条件出奇好的招聘信息。这些活动和信息有时会让人大跌眼镜，它们都是骗人的手段，这谁都知道。如果法律对这些行为进行谴责和惩罚，那是因为它们将启动效应用过了头，变成了一种对顾客信任的滥用，上当的人在知道了自己的决定所带来的种种缺点后，完全失去了改变决定的可能。有人可能会反驳说那些 8 月份出去度假的人可以放弃租用别墅，可一旦这样做，就意味着可能要彻底浪费掉8月的假期，旅费会打水漂，或者会面临要付出更高昂费用的可能……这诸多的可能性导致顾客确实别无他选，启动效应就变成了一种欺骗。

这类行为到底是彻头彻尾的欺诈还是让人尚可忍受的启动效应，二者之间的差别非常细微。我们举个广告单的例子。快下午2点了，你从一大早就一直在开车，现在你的胃命令你赶紧去找点吃的。有张广告单向路人推荐19欧元的旅客套餐，你没有时间细读，只是看了一眼后视镜，然后刹车，掉头。停好车后，你好好读了一下广告。单子最下面有一行小字，提示19欧元的套餐内不包含红酒和咖啡。这一点你倒是猜到了。可你没猜到的是，当你坐下后，举手示意服务员点餐的时候，你被告知旅客套餐只供应到1点半，你只能重新看菜单点菜。当然，没人逼你非要在这里吃，可一旦离开，方圆几公里内不一定再能碰到开门的饭馆了，而且还相当于白白浪费了这20分钟。这个遭遇与之前8月份度假人的经历从本质上说有什么区别呢？和他们一样，你也没什么选择的余地，可能最终只能点一道28欧元的美式鳕鱼，你之前可没打算在午餐上花这么多钱。餐馆的这种手段很常见，仔细观察一下，大多数广告都把某种产品的优点重点标示出来，这样客人就会产生过来打听情况的欲望，其实它们都或多或少地在使用启动效应。事实上，直到客人前来打听情况甚至做出购买决定时，他才会发现，自己心仪的车比自己想象中贵，除非他愿意为了自己选中的颜色再等 3 到 4 个月；或者是发现自己马上要买下的公寓附近不久就要建起一条高速公路连接道；再或者发现一项好处多多的投资计划无法实现。这都是启动效应搞的鬼：一个人听到或者看到一则关于某种产品或者福利的广告，其宣传的各种优点让这个人的好奇心转变成了打听信息的动力甚至是明确的购买决定，可直到后来他才知道这笔投资的真正成本。这和西奥迪尼与他的同事们进行的实验很像，学生们直到最后一刻才知道他们选择的测试并不能像他们想的那样换来 2 个学时，只能换 1 个学时（详见第二章）。和这些学生一样，潜在的顾客们也会倾向于坚持自己最初的决定，这样一来，商家的手段就算成功了，操控术也就完成了。

在上述案例中，我们可以看到启动效应的一大特点，即故意拖延公布事实的时间。其实它还有另外一个特点，那就是在商品的性质上面并不存在欺骗行为，商品在广义上的价格只有在交易过程中才会发生改变。不过在有些情况中,商家对客人宣传的商品实际上只是一个“影子”商品，这种情况中就存在针对商品性质的欺骗行为了，而这类手段也不是启动效应，而应该被称作诱饵手段。有些电话营销手段就先用某件商品的“跳楼价”吸引客户，等你真的跑到商店去买的时候又告诉你这件商品卖光了。

橱窗中精心摆放着一条售价仅 49 欧元的裤子，你走进商店，决定抓住这个好机会。店员很礼貌地告诉你，没有你的尺码了，只剩 34、46 和 48 三种尺码。不过他手脚麻利地给你找来了类似款式的裤子，同一个品牌，同样的颜色，差不多一样的剪裁。他让你试试裤子，这倒也无所谓，反正试衣服也不用花钱。最终，当你从商店出来时，手里就拿着这条十分合你心意的裤子，只是价格变成了 89 欧元。如果你事先并没打算花这么多钱买裤子，那这一次你就中了诱饵手段的圈套了。

我们并不是想没完没了地举这类商业手段的案例，只是随手选了这么一个例子。卖裤子的商家到底有多诚实，这个问题我们心里都清楚。万一你真的有一天为了一条打折的裤子走进一家店里，却发现你想要的那款已经没有你的尺码，请告诉自己，你来晚了 5 分钟，并为你前面那位赶上了折扣的客人默默地高兴一下，然后就算了吧。不过，除了服装行业以外，诱饵手段应用广泛，会让客人付出比买裤子昂贵得多的代价。

要说什么买卖里诱饵手段最常见，那就要数婚姻了。出于谨慎，这个问题我们只能讨论得含蓄一些。我们上文中提到的那位“教子有方”的同事当单身父亲已经很久了，他实在受够了情感上的孤独，而且他那心理学家的直觉也让他感到必须要给雨果找个妈妈了。因此，理所当然地，某天傍晚，他被一家婚介所闪闪发光的招牌吸引了目光,婚介所的名字是“海妖的猫”。他快速地看了一眼四周，确认没人注意到他，于是走近了婚介所的橱窗，发现灵魂伴侣的人选还真是不少，其中两条介绍好像专门写给他看似的。其中一条上写着:“31 岁的美丽女教师，身材姣好，热爱运动，不吸烟，离异，无子女，单身到绝望，欲寻一位能让她重拾希望的男士。”另一条写着:“漂亮迷人的女士，28 岁，精力充沛，喜欢骑马与网球，厌倦了猎奇生活，只想与一位温文尔雅的男士稳定下来，接受有子女男士。”

我们这位同事看看这个，又看看那个，一遍又一遍地读着这两条介绍，心潮澎湃。到最后他把内容都背下来了才克服了自己的腼腆和男人的自尊，推开了婚介所的门，走了进去。这里要插一句，我们的同事认为，那位厌倦了猎奇生活、能够接受对方有子女的女士值得争取一下。不幸的是，这位女士刚被一位海军军官挑走了。至于那位不吸烟的漂亮女教师，她的资料可没有介绍上写得那么好看:不到 31 岁就离了 3 次婚，这一点可有些让人犯嘀咕。在仔细询问过他的情况后，婚介所的负责人向我们这位失望的同事推荐了另一位女士，而她在几个月后就成了他的终身伴侣。我们私下认为，这是我们见过的最让人无法忍受的女人。她总是一副养尊处优的样子，还喜欢围着一条常年泛着卫生球味道的马海毛围巾……可怜的雨果！由此可见，诱饵可以变成隐蔽的陷阱，而“海妖的猫”也可以变成一出家庭惨剧。

日常生活中确实随处可见属于启动效应和诱饵手段这两类的操控术，但它们通常都没有实验室的操控术来得纯粹。上述案例中讲到的启动效应和诱饵手段都是学术意义上的操控术，它们事实上都同时具有数个铺垫性行为。那位被 19 欧元的旅客套餐所吸引的驾车人不光是做出了停下来吃饭的决定，还做出了刹车、掉头、举手、坐下等行为，甚至可能在得知已经过了旅客套餐供应时间之前还点了一杯冷饮。至于我们那位同事，他也不光是做出了见见那位厌倦了猎奇生活的女士的决定，他还冒险进了那家婚介所，这在中等城市里可算是一次壮举了。也就是说，在这两个例子中，二者的决定引发了具体的行动。驾车人和我们的同事与第七章讲到的实验中吸烟者的处境是一样的：他们先决定参加一项关于注意力的实验，并在到达实验室后才得知他们需要戒烟18个小时。不知各位读者有没有想起来，那项实验中使用的并不是标准的启动效应，它是建立在一个已成事实和数个铺垫行为上面的。我们不禁会想，到底是这种复杂化的启动效应还是西奥迪尼与他的同事们使用的标准启动效应更适合日常应用。

下面这则小故事会让各位读者看到启动效应与门槛效

应这两者之间的联系。

### 门槛效应

我们再回到刚才的故事里。我们那位同事的儿子正准备出发去圣 - 劳古 - 勒 - 维厄给他的父亲买烟。

“你去哪儿，雨果？”我们那位同事的新婚妻子用甜得发腻的声音问道。

“去圣 - 劳古 - 勒 - 维厄，给爸爸买烟。”

“去圣 - 劳古 - 勒 - 维厄？等你到了那边，再顺便把面包也买了吧……两根脆法棍。再买四片火腿，省得我出去了，我现在还穿着浴袍呢。我把钱给你，不算太麻烦你吧？”

孩子眼里的怨念顿时翻了倍，他叹了口气，接过了钱。这下他美好的上午算是彻底给毁了。

在这个例子中，启动效应与门槛效应相互结合了起来。我们来区分一下二者：当雨果同意骑车去给父亲买烟时，他并不知道这次帮忙的实际成本（来回各 6 公里，而不是 800 米）。他不能一边同意给父亲买烟，一边又拒绝去圣 - 劳古 - 勒 - 维厄。他只能完成一个行为（买烟），在此之前，他分别在知道行为实际成本前后做出了两个决定，而最终决定就是由启动效应带来的。但是，这一决定与雨果是否要把继母的面包和火腿买回来并没有关系。无论从逻辑还是从权利上来看，他都可以一方面同意给父亲买烟，而另一方面拒绝替他的妻子跑腿。驱使孩子帮助继母的操控术并不是启动效应，因为他做出了两个完全不同的行为，而且第一个行为与第二个行为没有必然联系。这里起作用的其实是门槛效应。第一个行为（同意去圣–劳古–勒–维厄给父亲买烟）作为铺垫性行为引发了孩子的第二个行为（买面包与火腿）。不过，千万不要把用在雨果身上的操控术与传统的门槛效应搞混，原因很简单：第一个行为的成本已经很高了，甚至跟第二个行为一样高。另外，第一个行为本身就是通过操控术获得的，归根结底，孩子是以递进的形式受到了两次操控，一次来自父亲，一次来自继母。这种典型的递进形式就是我们之前提到过的滚雪球效应（见第七章）。

当然，在日常生活中，将门槛效应发挥得如此淋漓尽致的例子并不多见。我们更容易见到的都是最简单的门槛效应。我们在前面说过，门槛效应是操控者们的最爱，因为它在日常生活中屡试不爽。对一名诚实的操控者来说，门槛效应确实有着闭门羹效应、启动效应以及诱饵手段都无法比拟的优势：它的使用可以是出于好心的，不会产生自己在操控别人的感觉。这样操控者就能睡个安稳觉了。

邻居总是很好心地给你而没有给别的邻居带报纸，那么让他下班时绕路替你去接一趟孩子，这也没什么吧？从日常生活的两个方面来说，这种请求都十分自然：一是邻里互相帮忙（照看孩子，照看宠物，借工具或者其他东西，浇花甚至是浇整个花园，劝架，等等），二是诱惑（就比如那句大名鼎鼎的“再来最后一杯”）。我们就认识几位诱惑方面的专家，他们凭借着自身的魅力，将门槛效应与巧妙的接触相结合，再加上一句看上去真诚的“由您自己决定”，总能获得成功。这方面的情况有些特殊，因为每个人都有自己的小秘密，反正我们可不想泄露我们自己的秘密。

除了人人无意中都可能会用的门槛效应，还有些门槛效应是专家级的，要求操控者下手时一定要目的明确，商业上的门槛效应就是如此，其中不乏非常精妙的营销手段：你走进商店，想买一条打折的裤子。这一次没有诱饵，售货员直接拿来了你要的裤子。你去了试衣间，觉得裤子很合你的意，于是决定把它买下来。当你掏出银行卡时，售货员毫无强求之意地建议你再去试一件跟这条裤子“很配”的外套。这件外套并没有打折，不过为什么要拒绝呢？这件外套很合身，而且和裤子也确实很搭。于是你最终提着一件根本不需要的衣服出了商店的门。别问这是为什么。你成了一种营销手段的受害者，这种手段看上去很像门槛效应，而且还是一次十分成功的门槛效应。你做出第一个决定，即买下那条打折裤子的时候是完全自由的。足智多谋的售货员并没有太早跟你提起外套的事，而是在你完成买裤子的行为后，向你推荐试穿外套，并且同样完全没有给你任何压力。因此，你的第一个行为只是一次铺垫性行为，用以引导你做出第二个行为（买下不打折的外套）。这就是一次操控术的使用，因为如果你一开始在橱窗里就看到了这件外套的价钱，你是绝不会产生买下它的念头的。另外，这还是一次经过缜密计划的操控术。如果没打什么算盘的话，商家怎么会专门把一套衣服里的裤子拿出来打折呢？

上门推销手段直到现在仍然是见证门槛效应的绝好机会，门槛效应这个名字很可能就是从上门推销的案例中得来的。我们接下来想分析的是 20 世纪 60—70 年代几家总部位于繁华地段的保险公司所使用的上门推销手段。我们来听听其中一家公司的销售经理是怎么向刚入行的保险员讲解如何签下一单火灾保险的：

“绝对不要认为，你向客户推荐一款好保险，人家就能让你进门。这种业务不能站在门口谈，重要的是进客户的门。你的脑子里应该只想着一件事，那就是坐到客户家的桌子旁边去，让他主动把身份证掏出来。做到这一点，你就赢了，就能很快成为一名出色的保险推销员。为了这个目标，我向你们传授一种方法。这种方法的效果已经经过证实，在你要推销的那个社区效果尤其好：

“1. 你要通过门铃旁或者邮箱上的标示得知客户的名字；

2. 按响门铃；

3. 先自我介绍一下：您好，我是小区物业的拉图尔先生，我被派来与您会面。您进驻小区的时候，应该签过一份住房合同，上面规定您有义务预防火灾。是这样的，先生，我这次来就是为了落实这件事的。我可以进去吗?

“显然，你注意到了屋子里的桌子和椅子。一定不要犹豫，要有股冲劲。坐下来以后，要不紧不慢地把材料拿出来，再跟客户要身份证。如果他把身份证给了你，你就赢了！”

当然，这种“跨进门槛”的方法已经很老套了。如今人们更喜欢灵活一些、符合商业活动中良好的现代形象的方法。尽管张牙舞爪、吆吆喝喝的方法已经消失了，但跨进门槛的目标没有变，于是人们找到了更加优雅或者巧妙的手段。近几十年来，最常见的方法就是先设置一次大奖、一场比赛，或者一次抽奖，让你做出参加的决定，或者干脆让你不用选择就直接参加。无论在哪种情况下，你都会（以信件、电子邮件或者电话通知的形式[①]）被告知成了幸运的获奖者，获得了一个好得离谱的大奖。

比如你参加了一个由下诺曼底鹅肝协会组织的比赛，几天后，你接到了一个专门打给你的电话：

① 想想那些通过电话营销来招揽新客户的公司吧。

“是帕隆博先生吗？您好，帕隆博先生，您今天感觉怎么样？还不错吧？那就太好了。是这样，我很高兴地通知您，您在我们的比赛中胜出，赢取了一张非常精美的石版画。我猜您一定很高兴吧？我希望咱们能够约个时间，我好把画给您。我们的一个分店离您家不远，就在市政府广场乙6号，消防队旁边。您过去一趟也花不了多长时间，您看您哪天方便呢？”

这时，比起同意约个时间过去取，倒是让他们把画寄到你家来更明智一些。当今社会怪事太多了，怀疑对方已经成了一种条件反射。你的名字叫帕隆博，可你并不真是那么好骗的。[①] 电话那头的人并没有表现出沮丧，而是提出了更贴心的建议：“其实我更想亲自把画给您送过去，顺便让您品尝一下我们的鹅肝，到时候您就知道了，我们的鹅肝比西南部的鹅肝味道好多了。”这样一来，你面前摆着两条路：要么放弃你的奖品，要么冒着被操控的风险亲自动身去领奖。当然，我们通常不把这种手段称为操控术，而是称为“接触客户”手段。可是……

假设你去他们那家分店买了6片下诺曼底鹅肝，驱使你这么做的原因有很多，不过我们认为以下三点是最可能的：

---

① 帕隆博法文写法为Palombe，该词在法语中指法国南方的一种鸽子；而鸽子（pigeon）一词在法语中还有“受骗上当的人”之意，此处为作者使用的一种文字游戏。——译者注

1. 因为对方送了你一件奖品，你觉得必须买点什么来回报他们；

2. 因为促销员成功地用产品的高性价比打动了你，或者你确实觉得他们的产品比同类产品要好，所以你决定买下诺曼底鹅肝；

3. 因为你是完全自由自愿地去了下诺曼底鹅肝协会的分店，这一事实让你更加倾向于买鹅肝。

商业活动中的常见“理论”更倾向于同意前两种解释。在上例中，设计了本次市场活动的下诺曼底鹅肝协会销售经理一定有他自己的一套理论，用来解释推销员的手段：重要的是与客户建立联系，从而用产品的质量打动他，让他购买。赠送奖品的念头也并非无中生有，根据销售经理的理论，如果挑个好日子联系客户，会更容易说服他。赠送石版画的目的就是创造这样一种有利于销售的积极的背景环境。因此，最重要的还是得到一个说服客户的机会。总之，无论是抽奖、比赛还是其他形式的大奖，都只是一种让客户认识商家的手段，从一开始就为品牌树立一种积极的形象，在一种最适宜说服客户的环境条件下与客户建立联系。完成这一步之后，客户会更加认真地对待商家给出的理由并对商品表现出好感，当然也可能不会，反正最后是客户自己来决定是否购买，这一点倒是没什么可说的。

怎么从这种营销手段中看出操控的影子来呢？问问促

销员，他会这么回答：

“操控？我？才不会呢！我就是让您尝尝我们的产品，再试着说服您购买而已。”

我们之所以说到操控，是因为我们对这类营销手段的效果有另一套更有说服力、更科学的理论。我们认为，这类手段的效果是通过一系列针对潜在客户的铺垫性行为来实现的。正是因为这位潜在客户在完全自由的情况下同意参加比赛（第一个铺垫性行为），亲自去取奖品（第二个铺垫性行为），同意品尝鹅肝（第三个铺垫性行为）等，所以他才更倾向于购买商家推荐给他的产品（期待行为），而不是因为这种产品比同类产品更好，或者因为促销员懂得如何利用各种论据来达到自己的目的。这一解释重新强调了某些一开始看似无关痛痒的行为的作用，我们当时并不会意识到，它们在营销手段中扮演着铺垫性行为的角色。因此我们就要注意一下这些行为发生时的环境，环境会为这些行为赋予具有参与性的特征。我们在前面说过，一个行为的参与度主要是建立在一系列环境因素的相互作用上面的，一旦环境因素的相互作用能够给人自由感，那么这个行为也就具有了较高的参与度。从这个角度来看，销售经理的营销手段比几十年前保险公司在居民社区的“野蛮推销”更符合当代社会心理学的分析，这一点毋庸置疑，但这并不能说明鹅肝协会的手段就不需要进一步完善了。

我们来仔细思考一下。你赢得的那张石版画[①]有可能是值钱的艺术品，也可能是大批量生产的赝品，被你扔进地下室慢慢发霉。如果你事先知道石版画的价值，那么当你去取画的时候，你在第一种情况中的参与度就比在第二种情况中要低了。人们很难拒绝值钱的艺术品，因此，在你看来，去鹅肝店取画更可能是情势所驱。相反，拒绝一幅赝品就容易得多了，如果你仍然决定去取，你的决定就更像是出于自愿。

注意：并不是说石版画不值钱并且你知道这一点，你在回家前购买鹅肝的概率就会变小。这一点与我们的常识和营销理论相去甚远，却十分符合参与理论的分析（详见第三章）。正因为如此，精明的推销员会在第一次与你通话时强调这幅"精美的石版画"的一般特性而不是其特别的价值，他的话会更接近事实。如果这种营销手段成功了，也就是说这次操控术成功了，至少它是建立在事实基础上的。

因此，消费者经常被商业上的门槛效应所操控，不过这些操控大师并不总是清楚门槛效应的理论基础。他们能意识到要通过一些微小的行为（免费试用小样、写信索取资料、以超低价格购买系列书籍中的第一本、参加抽奖活动等等）来让消费者做出他们所期待的购买行为，但他们

---

① 很可能所有参加了比赛的人都赢得了同样的一张石版画。将来的某一天，你也许会在当地的私人旧货市场看到这张画。

更愿意通过强大的论据和产品质量来赢取顾客的青睐，这样一来，他们就很容易忽略这些微小行为发生时的环境，而正是这种环境使微小行为具有了参与度，成为铺垫性行为。要再看个例子吗？

在一家超市入口，一位指甲精美、笑容标准、服装艳丽夺目的销售专员在派发一种新产品的试用装，这种情况太常见了。今天赠送的是一份尤里卡牌的香皂小样，但其实还可以通过其他方式来派发小样：告诉进入超市的顾客，如果他们愿意的话，可以从前面不远处的产品展台上拿走一份尤里卡牌香皂的免费小样。当然，这样做可能无法保证每个客人都会去拿小样。不过这种风险会很大吗？凡是拿了小样的人——几乎是所有人[①]，都是在完全自由的情况下决定做出拿小样的行为，这就是一个标准的铺垫性行为，会驱使他最终购买香皂的正品。先别急着吃惊，还有更有效的促销办法。

## 道德操控

上例中的手段是操控术吗？是的，原因很简单，有些

① 其实很简单，只要保证每个客人都能经过展台就可以了。

客人之所以拿了小样后购买了香皂，唯一的原因是他做出了一个连他自己都意识不到有多重要的铺垫性行为：他在完全自由的情况下决定走过去，从展台上拿走一份小样。显然，客人可能会觉得，尤里卡牌香皂的味道清爽如晨露，能够给他一整天的活力，并让他的皮肤吹弹可破，反正就是广告里的那一套。但客人之所以会像广告词那样想，很可能是一种将行为合理化的表现，是凭经验在为自己购买的行为辩解，但购买的真正原因却并非如此，而且连他自己也不知道是什么。（博瓦与儒勒，1981 年，1996 年；博瓦，2005 年；富万提亚、吉朗多拉与高斯林，2013 年。）

在一定条件下，让人做出第一个行为以驱使他完成其他行为，这就是操控术。事实上，购买了尤里卡牌香皂的客人面对的是这样一种情形：在该情形中，他并不是道德所推崇的那种自由、理智、能对自己行为负责的人。这种情形正是市场所需要的，它其实是一种纯粹的销售机制，糊涂的消费者的分析其实都只是其购买行为的马后炮而已。

你是不是也有过根本不知道自己为什么要买某个东西的时候？比如，某个牌子的车本来没什么特别，你却在听取了商家的建议后买了它而不是别的牌子的车。有过这种情况吧？而且事后你还会努力为自己买这辆车寻找合理的解释，这些解释是不是跟广告里说的一样？透过这种现象，我们应该思考一下，广告的重要作用之一，与其说是吸引潜在客户（这个作用众所周知），不如说是安慰已经购买产品的实际客户（这个作用就比较隐晦了）。人们之所以对后一个作用避而不谈，要么是因为真的不知道，要么是在假装不知道，因为一旦说出来，就等于承认产品的质量不足以吸引消费者，因此就要给刚刚购买产品的消费者灌输某种思想，让他们觉得自己购买产品是出于其他原因而非产品的质量，这样就能让他们更加坚定地相信自己的购买行为是合理的。

道德的角色之所以被或多或少地嘲弄，是因为驱使你消费的手段（操控术）既不是建立在你的逻辑上，也不是建立在你的需求上，而是建立在促使你购买某种产品的环境上。可是，难道靠嘴上劝说潜在客人购买尤里卡牌香皂，也就是让客人相信这种香皂完全符合他的需求，能让他的皮肤恢复“原生力”①，比同类产品强得多，这样做就更道德了吗？这种手段只有在一种情况下才算得上是更道德，那就是它所宣传的功效一定都是真实的。如果事实真是如此的话，通过制造虚假信息引导顾客消费岂不是比什么也不说更道德了吗？

① 这种说法看上去有些可笑，但它却实实在在地出现在广告里面过！

第九章

# 日常操控术

## Ⅱ. 领导与教育工作者

# 社会因子带不来幸福

## 机构中的结构与文化

在朋友关系和商业关系中，个体都是“自由并在法律上平等的”。如果你想从别人那里得到什么东西，是不能通过权力或法律来强迫对方的，你要懂得诱惑、说服或者操控。但在某些人际关系中，个体不是真正“自由并在法律上平等的”。广义上的“法则”会在人际关系中将一部分人放在拥有权力的位置上。在这类关系中，通常存在一个“统治者”和一个“被统治者”（在企业中就是上级和下属），如果前者想让后者做什么，完全可以光明正大地通过行使权力来达到自己的目的。

这么说的话，难道只要行使了权力就用不着操控了吗？人们一开始确实是这么想的，有些人甚至认为这正是权力的意义所在。既然直接下命令就行，为什么还需要那些拐弯抹角的办法呢？当然，如果我们的社会已经达到了理想的民主状态，确实是不需要这些拐弯抹角的方法的。

然而理想的民主状态与纯粹而生硬的权力行使不太合得来，后者如今被视为过时的做法和社会的倒退。另外，后者的一大缺陷在于，它总是让被统治者感到自己对任何事情都毫无控制力，这种感觉对于责任感[①]和自制能力[②]的培养是十分不利的，而偏偏这对实践民主来说是必不可少的两点。因此，只有在极少数权力被赋予至高无上价值的组织机构中，权力的行使才算是不容置疑且毫无异议的统治方法，统治者才能够通过这种方法来获得自己想要的东西。军队或者黑手党可能就是这种情况。而在大多数组织机构中，权力的行使就没那么好用了。比如，在企业中，我们很少能听到上司对自己的下属说："你要痛痛快快地做我让你做的事情，因为这件事是我让你做的，而我是做决策的人！"一个人怎么可能既是自由的公民又是逆来顺受的员工呢？在继续这个话题之前，我们想提出自己的一些假设，而且我们觉得大家应该会同意我们的观点。

我们的一条基本假设就是任何机构里都存在权力的行使。这条假设应该不会冒犯谁吧？有些组织之所以和家庭、部落等人类群体不同，首先是因为它们是为了达到某个目的，经过精心策划后建立的，其次是这个组织中的任何一

① 一部分心理学家称之为"内在动机"。

② 一部分心理学家称之为"自决能力"。

分子都有一定的价值，并且是可以替换的。这就是组织人员更替的原理（艾奇奥尼，1964 年），它将人转化成了一个个的社会因子。因此，组织的运转必须要依靠权力的行使，因为迄今为止人类还没有发明出更好的办法来为组织确定适合它的目标，管控组织朝目标发展的方向以及调整人员的更替。任何人，无论其地位如何，都没有将自己留在所属组织中的能力。即便是跨国集团的全权董事长和老总们也可能某一天开着开着会就被免职或者换掉。

因此，我们认为，社会权力与这种几乎无处不在的组织是有内在联系的。当然，权力并不是在所有组织结构中都能使用，因为这世界上既有我们所熟知的等级型结构，也有我们仍不了解的自治型结构（博瓦,1983 年,2013 年）。无论是等级型结构还是自治型结构，在组织内都要面临权力委派的问题：谁的权力来自谁？谁又对谁行使着权力？这种权力的委派取决于社会普遍的组织原则：该由谁来委派最初的权力，股东大会还是员工大会？在任何社会中，都有一种组织结构是占统治地位的（比如在我们的社会中，占统治地位的当然是等级型结构和其衍生出来的官僚主义或行会主义结构）。当然，社会中也会产生一些自发的旨在发展壮大其他组织结构的活动，但它们最终建立的也只是组织内新的权力委派形式而已。

但是在一个组织结构中——就拿等级型结构来说吧，

可以看到数种完全不同的行事风格或者习惯。在等级型结构中就有独裁、集权以及自由主义三种行使权力的方式（博瓦，1994 年，2005 年），所以等级型结构既适用于集权型社会，也适用于工业民主型社会。不过，应注意不要把行事风格或习惯与权力委派方式搞混。一个专制的车间主任和一个民主的车间主任说话甚至是行事的风格一定是截然不同的，在下属中引起的反应也是不同的。然而，这两位车间主任完全可以同属一家呈等级型结构的公司，公司的目标要求这两位车间主任和他们的下属都以同一种职业习惯来行事。同理，一位专横的老师和一位不专横的老师说话和行事的风格是完全不同的，他们各自学生的行为肯定也会因此而有所不同。但他们完全可以在同一所等级—行会主义型教育机构工作，而该机构的目标要求这两位老师和他们的学生都遵循同一套行事方式，比如所有学生都要在同一天参加同一门考试。我们在不专横的老师的班里可能会看到学生们以小组形式学习、做题，挑选自己想读的书，而这类行为在专横的老师的班上几乎是看不到的。不过，我们在两个班里都能看到孩子们在学习乘法表、动词变位等，总之，他们都在老师的全权负责下按照教学计划来学习。假设我们把 1950 年和 2013 年法国与纳瓦拉的所有高中会考题目都放在一起，让 100 个人把这些题目一个一个地抽出来，并说出它们是 1950 年还是 2013 年的题目。

毫无疑问，绝大部分法语、哲学、数学甚至包括历史的题目，在这50年间并没有太大变化，无法判断它所属的年代。那么学生们的文凭又发生了什么变化呢？事实上，学校的风俗习惯比授课内容以及授课内容的等级划分变化得要更频繁一些。中世纪时，弗朗索瓦·维庸[①]就和我们在同样的年龄通过了会考，拿到了本科文凭以及接下来的博士文凭，想到这一点，我们就能深深地体会到教学内容长久以来的一成不变。

总之，在分析组织内行为时，要注意仔细区分组织结构和目标与组织习惯和文化之间的不同。我们会发现，其中一部分行为只是简单地被人习得，而另一部分行为则千变万化，并且取决于组织中某些社会因子的意愿或者直觉。

无论我们对于权力的行使有怎样的偏见，只要组织的结构和目的不发生深刻的改变，权力的行使和它所强制和禁止的内容就不会有丝毫改变，我们最终改变的也只是组织的习惯而已。朱塞佩·托马西·迪·兰佩杜萨在其作品《豹》中提到：习惯改变了，本质才可以保持不变。因此，在某种特殊的组织结构中，如果想让员工做出你期待的行为，可以使用不同的权力行使方法。这些方法中，有的比军队和黑手党的方法更好接受一点，而且组织的习惯甚至能够

① 弗朗索瓦·维庸，法国中世纪杰出的抒情诗人，市民抒情诗的代表。——译者注

让权力的行使或多或少地变得分散。自治、责任感、同一目标、共建这类概念的作用就是为了显现上述权力行使方法的价值所在。由于社会计划的原因，这些概念在当今社会也许不那么时髦了，但随着其发展壮大，它们很快又会变为社会的主流。[①] 所有人都十分看重最大限度地自由发挥个人或集体决策的作用，这一现象的结果就是每个人都具有了一定程度的自由感。而自由感对操控术所依靠的“对决定的坚持”来说非常重要，所以我们觉得有必要使用参与理论来分析上述权力行使的习惯，这些习惯在我们看来具有十分明显的自由主义特质，因此也就更强调自由感的重要性。

### 训练有素的企业领导与组织者

所有社会心理学家都能够轻松而愉快地回忆起，在列文主义与后列文主义大型行动研究中，先后诞生了工业组织中群体决策的实践与理念。这要追溯到战后初期，当时，科特·列文和他的第一批美国学生通过改变家庭主妇的饮食习惯证明了群体决策的效果（详见第三章），寇齐

① 这也是我们接下来会重点分析这个问题的原因。尽管如今在企业等级中，这些概念并不受管理者的重视，但它们仍然会频繁出现在教育工作者和社会工作者的口中。企业管理者看重的是经济需要，而教育工作者和社会工作者看重的则是维护社会的价值观。

与弗兰奇也通过让工人自行决定生产节奏成功证明了同一点（1948 年）。要知道，实验对象并不完全是容易被人摆布的人。群体决策的方法彰显了一种理想的民主状态，美国的商人们虽然没能将其应用到印第安人身上，却在手下工人身上取得了成功。这种方法对列文与他的学生们来说也具有两个同等重要的意义。首先是理论方面的意义，因为群体决策的效果证明了列文关于锁定效应和群体规范的理论；其次是实践方面的意义，群体决策方法是绕开“抗拒改变”心理最有效也最令人满意的方法，它甚至还能将抗拒心理应用到新的群体规范中去。理想的民主状态自然是所有人心向往之的，不过要走向这种状态，必须首先依靠一定的理论基础和有效的实践计划。不幸的是，群体决策的实践在后来大大地减弱了，有些人只抓住了列文理论中群体决策在企业管理中的作用，而另一些人——通常与前一部分人意见不合——则只抓住了其在民主中的作用。这两个阵营的人都忽略了列文理论的真正内涵，尽管他们都对列文理论心怀崇敬之情，可他们审视这一理论的角度却未免有些幼稚。

第一类人中的诺曼·梅尔在群体决策中看到了一种新的指挥方法。显然，我们不能放任群体去决定一切，而梅尔解决这一问题的方法十分值得我们仔细探讨。

梅尔认为，对群体决策的分析要从两方面着手。第一个方面是决策的“社会内部分量”。有些决策从社会角度看一点也不重要，如选择供货商；而另外一些决策则有巨大的“社会内部分量”，如生产线自动化。第二个需要着重研究的方面是决策的“组织效率分量”。有些决策的分量微乎其微，比如几个地区的商户总体分布。对组织的效率来说，最重要的是在每个地区都有一个能力很强的商家，而不是把某个特定的商家分配到某个特定的地区去。而另外一些决策对组织的运行有显著的影响，如兼并与收购。

如果我们将两个方面交叉在一起观察的话，就能看到，一个特殊的决策可发展出四种极端的情况。在第一种情况（情况 1）中，决策无论对社会还是对组织来说都毫无分量。梅尔认为，这类决策比我们想象中要多，如车间墙面颜色的选择、办公室灯具的设计等。在这种情况中，用扔硬币看正反面来做决定再合适不过了。在第二种情况（情况 2）中，决策毫无“社会内部分量”，却有很高的“组织效率分量”，如某些金融方面的决策或者是供应商的选择，梅尔认为这是决策专家们的领域。在第三种情况（情况 3）中，决策的“社会内部分量”很重，“组织效率分量”却轻得可以直接忽略。我们刚刚举了地区商户分布的例子，其实一个车间的加班时间分配也是如此。梅尔认为，这类决策属于典型的群体决策。车间的工人群体完全可以独立做出加班时间分配的决定，而不会对组织产生任何影响。最后一种情况（情况 4）是最难处理的，这类决策无论对社会还是对组织来说都是非常重要的，既会影响社会内部环境，也会影响组织的效率，比如在生产过程中引入新技术（即实现自动化或数字化生产）的决策，或者调整上班时间灵活性的决策。我们知道，这类决策让群体独立来做的话是很困难的，因为即便做决策的环境氛围很好，也可能会给企业带来灾难性的打击。当然，也不能像 19 世纪时那样，做决策时完全把工人排除在外，因为这样做会对社会造成很严重的负面影响。另外，这类决策虽然说不上占大多数，其数量却也不容小视。那么该怎么做呢?

梅尔提出的解决办法十分出人意料。要处理这种困难的情况，是绝对离不开群体决策的，除此之外，只需一个梅尔称之为“真正的组织者”的人就可以了。梅尔会告诉你这个人应具备的两方面条件：首先，这个人要能够提高讨论的层次，善于对信息进行汇编处理，还要懂得如何选择最佳的解决办法。其次，这个人一定要机敏能干。

这种说法还真是巧妙。这位组织者当然要机敏能干。困难情况的出现主要是因为群体做出决定的条件十分受限，或者说是因为做出某些行为所要求的能力太高，是群体无法达到的。这样一来，群体的决策范围就非常狭小了。另一方面，之所以让工人加入到决策中，是因为这样可以将人类“抗拒改变”的特性运用到做出决策的过程中去。在某些写给企业管理者的书籍中，这被称为“接受决策带来的后果”。正是因为做出决策要依赖于锁定效应，人们才会在困难情况下仍然坚持使用群体决策方法，或者至少让群体参与到决策当中来。总之，就是要为了做出决策而引发锁定效应。要达到这一目的，就需要一位机敏能干的组织者，而所谓的机敏能干，就是说这位组织者要能够循序渐进地引导群体做出一个其实已经确定了的决策。这完全有可能。当然，要做到这一点，就要懂得在恰当的时机让恰当的人发言，知道什么时候该中断或者结束会议，还要能够适当地推迟公布事实的时间等。然而这些能力都是在著名商校里学习获得的，在那种地方才有资格谈操控……

不过，操控术的作用并不仅仅体现在诱导群体做出决策上，它还能够让工人自由自愿地同意做出企业所要求的行为。这种做出选择时的自由感会引发工人们“对决定的坚持”，也就是说触发启动效应。于是，工人们即便意识到他们自愿做出的决定其实与上层做出的决定并无二致，以及在同意引进新技术后，他们也知道自己的工作量会加重，而且人数还会减少，但他们仍然会坚持自己的决定。就像西奥迪尼实验中的学生们（详见第二章）一样，他们也坚持了自己本来不会主动做出的决定。此外，同意参与决策也可以被看作门槛效应中的铺垫性行为，工人们随后就被引导着做出了他们本来不会去实施的行为。

众所周知，有不少表达方式和决策方式都有操控的潜质，不过这些特质并不仅仅表现在影响和劝说他人这一方面，它们还能够赋予参与决策的工人以参与度，从而触发启动效应、诱饵手段、门槛效应等。

**谁是天使？**

梅尔是人际关系学派社会心理学家的典型代表，这个学派的社会心理学家将群体决策应用到管理者指挥企业的实践当中去，使企业管理变得更加现代化，更加高效。如果掌握了让工人自觉参与到裁员决策中的方法并为此感到高兴的话，这样的人肯定不是天使。列文的理论在这些心理学家眼中已经演变成了行使权力的手段，它的效果也仅仅体现在这些手段的操控潜质[①]上面。

真正的天使是继承了列文的理论中关于理想民主状态方面内容的人，他们忽略了列文理论的真正学术目的和其在企业管理方面的作用，并且从一开始就似乎比梅尔和其同一阵营的社会心理学家要更能引起人们的好感。但他们真的有那么善良吗？

① 本书中只引用了诺曼·梅尔所述案例中最具代表性的一个，读者如有兴趣，可参考组织社会心理学方面的论文，或者梅尔（1952年）、坦南鲍姆（1966年）、利克特（1961年）等人的经典著作。

这一派的社会心理学家尽管继承了列文理论的衣钵，却也汲取了其他人的理论精华，包括卡尔·罗杰斯的非定向性理论，针对移情与阻抗的精神分析，集体活动中理想的人际关系准则，以及20世纪60年代末被称为“巴巴酷”的自发主义。他们认为，群体中存在一定的真实性，并且群体能够通过分析做出集体性的决策，这些决策是建立在群体中个体的真实性基础上的，因此几乎群体中的所有人都能够对决策表示赞同。人们常说的改革或者有计划的发展，在他们看来更应被温和地称作“变化”。民主运动不再是一场战争，而是一位具有移情能力并且具备逻辑思维和理性的群体组织者所带来的一种启示。20世纪80年代以来，这样的理论受到的关注越来越少，因为接二连三的经济危机使大众的目光都转向了其他方面，然而，它们还是在这一领域留下了自身的价值，正所谓野火烧不尽，春风吹又生（不过在2007—2010年的全球性金融危机之际，工业民主的价值观几乎被逼上了绝境）。

在“天使”们看来，工人群体不应由一位机敏能干的组织者来指挥。让机敏能干的组织者见鬼去吧！让操控术见鬼去吧！在他们看来，组织者的首要任务是建立一种倾听机制，工人可以通过这一机制展现事实，并逐渐勾画出对个人、对集体来说都是最佳的解决问题的办法。这位组织者不会与任何人结盟，甚至当权力妨碍群体发展时，他还会站在权力的对立面。这位彻头彻尾的“天使”有时甚至为自己被炒鱿鱼而感到骄傲，这至少证明他与组织的关系很紧张。不过我们来仔细看看到底是怎么回事。

组织者建立了一套思考与决策的机制，以便群体对问题进行分析和处理，并逐步找出最佳的解决办法。组织者坚信这一机制是分析问题和寻找解决策略的机制。组织内的人员自己分析自己的处境、问题的关键、他们所面临的制度方面的限制、生活在组织内部时可能发生的冲突、情感建立和消解的方式等等。解决问题的策略必须由他们的分析来得出——哪怕分析要花很长时间，而且得出的策略应该是最佳的。这就是“天使”们的理论。可是这世上还有其他理论可以达到同样的效果。

某些诡辩者会把这种以众生平等为原则的分析处理问题的理想机制称为劝说与影响的机制。事实上，以组织者的地位、学识，而且他还掌握着组织的发展方向，他可以轻易地对群体做出的决策产生影响，这种机制中存在的等级也会大大限制群体行动的余地。因此，“天使”们口中的分析处理问题机制在诡辩者看来就是劝说与影响的机制。

此外，有些悲观主义者将这一机制看成做出带有参与性的决定的特权地带。我们在这里说的并不光是最终决定或者集体决定，还包括群体的最初决定以及非常容易造成锁定效应的个人决定。尤其是从第一次群体会议开始，每个人都可以从自己的动机出发对问题进行分析[①]，个人的决定就被摆到了突出的位置，从而更容易造成锁定效应。另外，还有在漫长的分析过程中做出的所有微小的决定。事实上，不少组织者都会建议群体在两次会议之间阅读某部著作、某篇文章，或者让他们去收集某些信息等。这些行为都不属于工作范畴，其中一些甚至是需要他们在家里做的事情，但它们都可以被视为某次门槛效应的铺垫性行为，或者是“怪圈”现象中的必要环节，还可能是盲目消费的最初成本。总之，还是那句话：“天使”们口中的分析处理问题机制，在我们看来就是参与理论的应用。

“天使”是工业民主的拥趸，不过他可能真是出于好心，我们没必要责备他是个马基雅弗利主义者，为了达到目的而操控他人。对自愿屈从进行分析后其实很容易产生这种恶意。作为社会心理学家，我们知道，一种理论，即便它再完美，即便它的实践者再善良，它也无法让实践者避开它可能造成的负面影响。

我们并没有止步于社会心理学方面的工作，而要对两种后列文主义理论进行一定程度的批判。这两种理论没有达到探讨组织结构的高度，却要在工业组织中推崇新的行事习惯。就像本章开头说的那样，这两种理论也许只是引

---

① 这种分析通常能够造成自我归因和自我贴标签，而这两种行为的参与潜质是非常非常高的。

入了新的行事习惯，从而发展出新的实践，于是使群体更容易做出期待行为。我们之前已经说过，这种新的实践是在参与度非常高的情况下进行的。可以说，社会心理学在很大程度上影响了当今的企业管理实践。然而，批判这种效果转瞬即逝的后列文主义理论带来的实践比较简单，可想要批判每天都要面对的上级进行的实践就没那么容易了。在组织成员混杂的情况中，很难在专断的领导和不专断的领导之间做出选择，因为即便这位领导并不专断，他也可能会使用具有操控潜质的手段对组织进行指挥。这个问题我们就不赘述了。

## 爱之深，责之切

要说什么问题充满了老生常谈，一说起来就没完没了，那就非孩子的教育问题莫属了。确实，每个人都可以从自己的生活经历中获取新的能力。我们都曾经是孩子，现在也已经成为或很有希望成为孩子的家长。在众多的老生常谈中，有一条让我们那位教育行业的同人十分恼火，他经常因为这一点和自己的新婚妻子吵架。他的儿子雨果做出的某些行为，在他看来是孩子充满活力的表现，可在他妻子看来，雨果就像是一个上了弦的玩具，又像是跳来跳去的小山羊，搞得两位家长也变成了老山羊。[①] 妻子对雨果的教育问题有非常高的要求：该扇耳光的时候就要扇耳光，这样才能让雨果成为有教养的好孩子。她也有理屈词穷的时候——很遗憾，这种情况少之又少——她会说自己就是这种教育理念的活标本。她会给丈夫看她挨打后至今仍然留在身上的疤痕，并不假思索地逼他承认她是个非常出色的女人。

通常，讲到这里时，我们这位同人不等我们发表意见就会说时间不早了，他的客人还要赶路，然后起身告辞。他其实有非常温和的人本主义精神，在他看来，与其打孩子，不如给他提建议；与其在孩子面前显示家长的威严，不如像个哥哥一样与孩子相处；与其强调家规，不如激励孩子去实现自我；与其给孩子下命令，不如让他自己发现该做什么。妻子认为应该通过惩罚的方式让孩子继承父母良好的道德品质，丈夫会反驳说，雨果是个天性善良的好孩子，他有权建立自己的道德体系和价值观，当然，前提是他不做什么出格的事情。这种情况也确实从来没有出现过。

---

① 她喜欢马海毛织物可能正是出于这个原因。她最新的一条围巾就是小亚细亚安哥拉羊的羊毛织成的，价格高得让她吐血。这件事让我们那位同人气得团团转，就家庭预算的问题和她大吵。看这婚结的！

这种争论或者你也经历过。有些人认为严厉的态度是实现高效教育的基石，尽管无论从道德上还是心理上来说他们更希望避免采取这种态度。另外一些人则认为宽容的态度才是合理的、能让孩子的性格得到充分发展的教育方式，然而当你想让孩子在某个特定的时间做出某个特定的行为时，这种态度的效果并不总是那么好。很遗憾，社会心理学对这两种观点都不能表示赞同，因为它们都忽视了参与度对教育孩子的影响。下面的两则实验能够让我们更好地理解以上两种观点的分歧所在。

**自愿屈从的孩子**

在第一项实验（弗里德曼，1965 年）中，一个成年人首先告诉孩子们不要玩机器人。他通过两种“威胁”的方式让孩子听话，一种比较严厉，另一种比较温和。他对其中一部分孩子说：“如果你玩了这个机器人，我会很生气，而且不得不惩罚你。”而对另外一部分孩子，他只是说：“别玩机器人，这样不好。”随后，成年人离开了 5 分钟，机器人就放在孩子拿得到的地方。显然，他在孩子不知情的情况下对他们进行了观察，确认所有孩子都服从了他的命令。3 周后，孩子们可以开始玩玩具，其中也包括之前的机器人。实验人员采取了一定的措施，确保孩子不会将实验的两个阶段联系起来。弗里德曼发现，实验第二阶段玩机器人的孩子中，之前受到温和“威胁”的孩子人数只有受到严厉“威胁”孩子的一半还不到（前者为 29%，后者为 67%）。

这项实验[①]反映了两个问题。首先，威胁的轻重并不一定会影响孩子对命令的服从。两组中的孩子几乎都抵住了诱惑，没有玩机器人。其次，如果为了让孩子做出某个行为而使用了非常温和的威胁，温和到让人怀疑这到底算不算是真正的威胁，那么孩子就更有可能在实验人员不在场时，甚至是命令取消后仍然服从命令。也就是说，孩子已经深深地“内化”了实验人员的要求。

几年后的第二项实验（莱珀，1973 年）走得更远，它的原理与第一项实验相似。在实验的第一阶段，一位成年人要求孩子们不要碰一个很好玩的玩具，并且同样借助了两种威胁方法，即温和的威胁与严厉的威胁。在实验的第二阶段，也就是几周后，孩子们可以通过篡改一次考试的结果来获得巨大的奖励。与第一项实验结果一样，受到温和威胁的孩子比其他孩子更能抵制住奖励的诱惑，似乎第一组孩子（温和威胁组）比第二组孩子（严厉威胁组）更加懂得如何抵制诱惑。

这两项实验均在实地进行，且没有让孩子意识到自己

① 这并不是个例，类似实验出现过数次，均得到了同样的结果。

是在参加实验，它们为提高教育效率提供了新的理论依据。实验中，在没有受到过分压力的情况下，孩子要么习得了一种新的行为（不要玩某个指定的玩具），要么习得了一种新的行为准则（抵制诱惑）。最奇特的一点是，实验中，人们既没有对孩子进行劝说，也没有给他们讲什么大道理，整个实验里都没有出现道德方面的说教。那么受到温和威胁的孩子和受到严厉威胁的孩子之间到底有什么区别呢？他们做出的期待行为肯定是没有任何区别的，所有孩子都按要求没有玩指定的玩具。他们之间的区别就在于他们在被要求不许玩玩具时内心是否产生了自由感。由此可见，自由式教育确实有效，这与雨果继母的观点完全相反。但雨果父亲的观点也不正确，因为这种自由式教育并没有帮助孩子建立起自己的行事规则和价值观，而只是帮助他们接受了大人的那一套。

如果从道德的角度来评价这种教育方式的话，我们就会发现，人们有时会忘记营造良好感觉的重要性，而且接受了日常生活中做出的决定所导致的现实。但这到底是怎样一种现实呢？

### 服从还是反抗

所谓做决定，就意味着你至少要在两个选项——选项 A 和选项 B 中选择一个。比如别人要送我礼物，让我在普鲁斯特和圣·安东尼奥的作品集中选一个，我当然选了圣·安东尼奥的作品集。又比如，我可以晚上与O夫人一起去看电影，也可以去扎伊尔参加雷欧·帕尔关于全球化进程负面影响的讲座，而我会毫不犹豫地选择O夫人。再比如，我可以选择进攻型策略或者合作型策略，我自然选择了后者。这些决定虽然看上去稀松平常，却导致了学者们所谓的“参与行为升级”。经常会有掌握权力的人想让我们去做什么事情，这时我们就会面临两种选择，需要做出“决定”。然而，我们并不是要在两种会带来不同满足感的事物（梨还是奶酪，大山还是海洋等）之间做出选择，而是要在做或不做之间进行选择，最终演变为服从还是反抗的选择（博瓦、巴哥德与马里耶特，1995年）。假设我们那位教育行业的同人是一位真正具有民主精神的父亲，不愿意看到自己的孩子不知不觉中变成这个社会批量制造的傀儡幽灵；再假设某一天他想让儿子同他下一盘象棋。作为具有民主精神的人，他不想让孩子觉得要满足父亲的愿望而同他下象棋，他甚至还希望自己的孩子将来能具备与自己不同的行为准则与价值观。于是他给了孩子几个不同的选择：

“雨果，与其在开饭前无所事事，不如去做点什么。我给你几个建议吧：你可以跟我下象棋，也可以去仓库里找费利西，还可以去你的房间里吹笛子。你自己决定吧。”

接着，为了体现作为一名父亲要具备的教育者的角色，他又说道：

“我个人觉得下象棋更好一些，咱们俩已经好久没一起下过象棋了。不过，孩子，如果你选择了费利西或者笛子的话，爸爸绝对不会怪你。这三件事都挺好的，我只是觉得象棋更能丰富你的知识。”

家庭民主可不会总是风平浪静。毫无疑问，内心深处，雨果的父亲是希望孩子选择第一个建议的，但没有什么能保证这一点。在这种开放选择的情形中，如果孩子选择了象棋，我们完全有理由相信这是他“天性”的体现，而他的父亲帮助他发现了这种“天性”。在完全自由的情况下做出这一选择后，雨果也许会觉得自己是那种喜欢策略型游戏而非翻跟头或者民间音乐的孩子。显然，家长们并不太想让孩子做这种开放式选择。在第三章中，我们曾经提到，一位父亲出于教育孩子的目的，想让孩子从桥上跳下去。孩子当时面临着跳还是不跳的选择，也就是服从还是反抗的选择。尽管父亲说他可以自由选择，可事实上孩子并没有选择的余地。而对雨果来说，如果他真的可以选择去仓库里找费利西的话，他一定会很乐意这么做。每个人在日常生活中都要面临这类选择，孩子、学生、工人都是如此。这类选择说白了都是“受限”的选择，因为它们最终要符合人们被要求的那种行为，说到底就是选择做或者不做别人要求我们做的事情。当然，做这种决定的人并不这么看，原因就是，我们已经学会了为自己的行为寻找合理的解释。也正因为如此，孩子们虽然可以“自由”做决定，但他们的最终行为却与别人没什么不同，尽管他们会为自己的“决定”做出不同的解释，比如他们会说：“从桥上跳下去的话，我就完全靠自己的努力变成了一个真正的男人。”而不会说：“从桥上跳下去的话，我就完全出于自愿地做了爸爸要求我做的事情。”不过，他们做出这一行为时的环境有利于行为合理化进程（博瓦，2013 年），也就是说有利于社会的发展。我们并非想要强调社会环境中的权力关系。任何社会体系都要自我发展，但有些社会体系具有更强的发展能力，就比如推崇参与性关系的社会体系。

我们在日常生活中出于自愿做出了一些决定，决定做他人想让我们做的事情。请各位读者记住这类决定的上述特性，因为这能帮助我们更好地理解评价教育实践的两条重要标准。

### 好孩子都是我们大人的翻版

第一条标准是看教育关系的质量。毫无疑问，“参与性教育法”（儒勒，2004 年，2005 年，2007 年）让教育者和被教育者之间的关系更加平和，冲突更少，总之，让学生和老师，家长和孩子感觉都更舒服。相比之下，“专制性教育法”则会让双方的关系变得极其难以忍受。

第二条标准是看教育方法在行为准则与价值观传递上的效果，尤其是行为方面的价值观，这种价值观能让孩子知道“这样做是对的”或者“不应该这样做”。所有证据表明，“参与性教育法”的效果毋庸置疑。“专制性教育法”是将成年人的行为准则与价值观强行“传递”下去，而“参与性教育法”则是让孩子“内化”这些东西。迪布瓦在一项实验（1988 年）中让孩子们假设一下他们把自己最漂亮的玩具借给了弟弟，然后给他们两个做出这种无私行为的理由，让他们从中选择一个：是因为他们想让弟弟开心，还是因为父母希望他们把玩具借给弟弟？正如我们所料，受到自由性教育的孩子比受到专制性教育的孩子更倾向于选择第一种解释。也就是说，他们把自己的行为归因于自己的意愿，而受到专制性教育的孩子则将行为归因于父母的意愿。讨论这两类孩子谁对谁错是没有意义的，这两种解释都旨在为做出期待行为赋予意义，至于选择哪种解释，则与父母教育孩子的方法有关。

想象一下，家长想让孩子做出某个行为（比如借玩具），于是使用了专制性或者自由性的方法。在第二种情况中，孩子可能会为自己建立起一种积极的形象，认为自己是个好孩子，因为他很听话，愿意做父母想让他做的事情；而在第一种情况中，孩子也会为自己建立起一种积极的形象，认为自己是个好孩子，但这一次的原因是他愿意主动借出自己的玩具，他是一个慷慨的孩子。从广义上讲，他这样做是出于自由、自治、懂得负责的本性。受到自由性教育——即"参与性"教育——的孩子内化成年人价值观的方法，就是通过建立自己的形象以及学习具备这种价值观的人的性格来实现的。到底是哪种价值观呢？这种价值观能让人将"性本善"（乐于助人、慷慨、和蔼等）的人与因为软弱服从才显得"善"和根本"不善"（没有个性、自私、心胸狭窄等）的人区分开来。

迪布瓦的实验和其他类似的实验让我们更好地理解了参与度在教育中的作用。参与性教育让家长与孩子，老师与学生之间的关系更融洽，冲突更少。不过，这种具有创新意义的教育法同样具有可复制性，这就让我们不得不思考，它是否真的比传统的教育法效果更好。不过可千万别误会，我们并不想重新启用以前某个时代的行事习惯，也不想一味批判新兴的教育方法。毕竟，参与性教育法在人际关系方面与价值观和知识的传递方面的效果确实很好。如果教育工作者和家长们不想参与社会的发展进程，那他们干脆就放弃孩子的教育算了。窃以为这才是最最糟糕的结果。不过具体怎么做，还是要各位……自己决定。

## 第十章

# 从操控个人到操控集体：市场营销案例

# 无处不在的操控

多尔摩斯。5月3日，周日，晚上6点55分。过完了一个放荡的周末，O夫人终于回到了她和丈夫的家。至于是怎样一个周末，我们不便多说。即便O夫人的丈夫不在家，她也不会感到无聊。工作原因，亨利总要出差，O夫人不得不面对这个现实。新婚时并不好受，但时间久了，用O夫人自己的话说，丈夫的远行就再也不会妨碍她“过自己的生活”了。亨利十分喜欢把梦想照进现实，总是用“我的佩内洛普[①]”来称呼O夫人，但这并不能改变O夫人的生活习惯。刚才，他给O夫人发了一条短信：

在雅典转机
航班延误了3个小时左右
别等我吃晚饭了
想你，我的佩内洛普

午夜前他肯定回不来了。这样更好，她就有时间仔细

① 在古希腊神话中，佩内洛普是奥德修斯的妻子，象征着忠贞守节。——译者注

思考一下了。她舒舒服服地闭上眼，一想到整个晚上都可以由她自己来支配就浑身舒畅。她现在最需要的就是一个人静一静。突如其来的饥饿感促使她打开冰箱，真走运，今晚她不用做饭了：冰箱里还有一只烤鸡腿和一份朝鲜蓟菜心沙拉，她没想到还有这么多东西可吃。那颗朝鲜蓟菜心让她联想到了自己[①]，尽管她也不想这样。不过，作为标准的家庭主妇，她挥挥手就赶走了这个不愉快的念头，并想起了尚未归家的丈夫："不管亨利了，如果他还没吃饭，就只能用速冻食品填肚子了。"

吃过饭后，O夫人一边查看邮件一边就着电脑显示屏的光亮吃着第二杯酸奶。从周五下午到现在竟然冒出来这么多邮件，真不可思议：最小的妹妹提醒她热尔梅娜姑妈的生日快到了，去年她就把这事给忘了；她所在的羽毛球俱乐部用大量的照片向成员宣布，俱乐部的少儿队获得了地区杯赛的第16名；她的嫂子埃德蒙德发来一封长得让人难以忍受的邮件，她决定等明天脑子清醒了以后再看。被她以同样方式对待的还有家务方面的邮件（电话账单、信用卡还款通知等），这类邮件她是绝不会在周末处理的。垃圾邮件则统统被直接拖进垃圾箱，总是同样的广告：房地产投资、集资、占卜、减肥药、各种约会网站，当然，

---

① "朝鲜蓟菜心"一词在法语中有在爱情上不专一的意思。——译者注

还包括旅游广告，这次又有一封多尔马蒂蓝色海岸旅行社的邮件，内容仍然是那样的千篇一律：去往世界各地的廉价机票。O 夫人可没把这类广告放在心上，垃圾邮件就是垃圾邮件，她已经对“最低价”“特别折扣”“超级好机会”“跳楼折扣”等广告词都免疫了。

晚上 7 点 44 分。O 夫人准备像往常一样在打开电视看新闻之前冲个澡。她养成了一个很好的习惯，只看国家电视台多尔马蒂二套，因为这个台相对独立，新闻报道的角度也十分客观。

晚上 7 点 59 分。她穿上浴袍，坐到了电视机前。让·德里迪亚尔一如既往地西装笔挺，仪态优雅地播报着当天的新闻标题。“天啊，他可真帅……太迷人了！”播音员的一个笑容迷倒了 O 夫人，她甚至觉得那个笑容是专门露给她看的。她的眼光不错，这位晚 8 点档新闻的播音员是个万人迷，所有多尔马蒂女性，下到 7 岁，上至 77 岁，都十分喜欢他。他已经连续 3 年被评为多尔马蒂十大魅力男性之一①，且一直名列前茅。O 夫人拽了拽浴袍，把腿盘了

① 最近一次投票于5月16日至22日举行，投票人数达996人。自从他主持8点档新闻以来，多尔马蒂二套的收视率一下就上去了。每天收看多尔马蒂二套的平均人数达到了740万（占全国观众总人数的29%！），让·德里迪亚尔的成绩远超TV1台的同行洛伊克·贝赛-贝热，要知道，TV1这家私人电视台可是多尔马蒂二套的有力竞争者（510万观众，占全国观众总人数的20%）。

起来，眼睛却一直没有离开坐在玫瑰色皮椅上的让·德里迪亚尔。在简要介绍了首都的重度污染、外省出生的五胞胎、孟加拉的洪水之后，让·德里迪亚尔又开始播报政治新闻，还在新闻延长时段里预告了近期市议会选举的消息。像选举期间的每个周日晚上一样，新闻的最后安排了两位参选的党派领导人的辩论。

晚上8点34分。天气预报结束后，就是没完没了的广告。O夫人利用这段时间给丝兰浇了水，把盘子和餐具放在洗碗机里。在厨房的最里面，O夫人隐隐听到了电视里接二连三的广告的声音：多尔马可乐，让欲望在泡沫中闪耀；DsK，完全无法抗拒的敞篷车；Oliva，多尔马蒂唯一的马赛皂[①]……“还真有意思，马赛皂竟然在多尔马蒂生产！不过我们这儿确实也种普罗旺斯的植物……”

晚上8点45分。她打算看一部好电影，休息一下大脑。那就看《塞拉菲娜的告别》吧，她的电视包月套餐里有33个电影方面的台，其中一个就会放映这部电影。这部电影几个月前刚刚公映，O夫人想起，多尔摩斯电台曾盛赞这部电影，不过有些影评家还是给出了提醒：易激动人群与少女请谨慎选择观看。尽管塞拉菲娜发誓永别，最终却也只是暂别而已，整部电影讲的也就是这么一件事。电影的

① 一种清洁力很强的香皂，用于清洁身体，含大量植物精油，起源于17世纪的法国马赛。——译者注

结局是喜剧还是悲剧暂且不论，从《5 日电视》[①] 给出的结果来看，至少这个结局证明了电影受欢迎的程度：4150 万多尔马蒂元 [②] 的票房，创造了多尔马蒂本国电影的票房纪录。

O 夫人早已不是少女，却也是个多愁善感的女人，最终她还是决定看一看这部电影。电影没有让她失望：情绪随剧情发展一路升温，电影的结尾发生在一栋 30 年代的豪华大楼里，观众的情绪也随之达到了高潮。昏暗的房间里，形单影只的塞拉菲娜一脸忧郁。窗帘被拉上了，阳光间或从窗帘的褶皱处透进房间，为屋子里的绝望带来一丝希望。紧张的气氛快要令人无法忍受了，背景音乐也十分催泪。忽然，塞拉菲娜抓起一包多尔马蒂牌香烟，如同在暴风雨中抓住命运之手扔出的救生圈。她焦躁不安地点了一支，坚定地走上了阳台。整部影片的不确定性达到了一个高峰：她要做什么？

烟还没抽完，她渐渐把身体探向了虚空。18 层。背景

① 这本杂志的名字在非多尔马蒂国人来看也许有些可笑，实际上它一点也不可笑。在本届政府成立的头10年，这个国家的人民对电视的迷恋达到了上瘾的程度。于是，最近3年来，无论公共电视台还是私人电视台，国家规定每周只能播放5天的节目，周一和周四则禁止播放。部分专家认为，这种举措总有一天会在最发达的国家推行，因为关于这种举措的某些数据看上去很有说服力，比如它可以让出生率提高12.3%。

② 约合600万欧元。

音乐忽然停止，时间似乎也定在了那一刻。镜头回放，叠像渐变，视角变为仰摄，随后又变回无休止的俯摄。从高处看，地面上的汽车都像玩具一样。是生存还是死亡？悔恨与陶醉感等待着心灵的审判。忽然，温暖的阳光渐渐裹住了挂在阳台护栏上的牵牛花盆，观众们长吁一口气，猜想她应该做出了决定，不会自杀了。小提琴声响起。塞拉菲娜骄傲地直起身，目视前方，她的脸不时被她吐出的微蓝烟雾笼罩住。哎呀，她终于做了正确的选择。

影片的最后一组镜头与片尾字幕一同出现，就像一个永恒的承诺。火车站洒满阳光的站台上，一辆火车渐渐停住，塞拉菲娜从上面走下来。她散着头发，白皙的脸上化着淡妆。她穿着一条轻盈的裙子，背着一只珂兰牌的斜挎包。在 2 小时 40 分钟的电影里，爱情带来的压力与沮丧，理智与疯狂，令人心碎的离别与遥遥无期的回归，还有最终幸福的重逢。最后是一个长长的、长长的拥抱。疯狂的喜悦，迷醉的心，热烈的背景音乐。剧终。

电影结束，O 夫人在好几分钟的广告过后才慢慢缓过神来。多丰富的情感……多精彩的电影！爱情战胜了一切，她想象不出比这更好的结局。现在再看看广告吧，还是刚才的那一套：无法抗拒的 DsK，闪耀欲望的多尔马可乐，等等等等。不过 O 夫人还沉浸在自己的情绪里，并没有注意到广告。

晚上 11 点 59 分。亨利在电影结束后、午夜到来前回了家，真是时候。这次离家 10 天，亨利走进卧室时已然欲火中烧。可 O 夫人已经梦周公去了，而且在床头柜上留了一张字条：

> 头疼得厉害，请别叫醒我。
>
> 明天见。
>
> 你亲爱的佩内洛普

亨利是个很讲理的男人，自然没有叫醒 O 夫人。这一次他不得不把现实照进梦想了："这其实没什么，"他自言自语道，"反正我也累了，而且明天还要早起。"[①]O 夫人躺在被子下面窃喜。她这一招有些过时，而且在亨利身上用过无数次了，但这一次依然起了作用。终于可以睡个安稳觉了。

O 夫人的这段经历与之前的几段不同。这一次她是独自一人安安静静地待在家里，所以她可以好好安排这个夜晚，完全不会被打扰，她也确实过得很充实：匆匆吃了几口饭，处理了一下邮件，洗了个澡，又看了一整晚的电视。O 夫人做的都是她喜欢的事情，而且没人来打扰她。没有任何人直接向她提出了什么请求，除了她嫂子那封邮件，

---

① 研究人员管亨利这种主动为行为（不吵醒妻子，直接上床睡觉）调整思想（"这其实没什么，反正我也累了……"）的过程叫作"行为合理化"。上千次实验证实了这一过程（见第一、二、三章）。

至少是没人嘴上跟她提请求。没人让她帮忙照看行李，没人让她看看打折的家具，没人让她在收银口排队时帮忙占地，也没人让她在两年里每周抽出2个小时来陪少年犯，更没有人碰她的胳膊或者说她是个关心人间疾苦的人。也就是说，这一次她没有遭遇启动效应、门槛效应、闭门羹效应、身体接触技巧、贴标签技巧等等。即便仔细分析，我们也看不到任何前文中提过的操控术的影子。那就是说O夫人这一次完全没有被操控咯？那可不一定。她确实是被操控了，她的夜晚和千千万万多尔马蒂人一样，甚至和比利时人、瑞士人、意大利人……还有法国人一样。

我们很好奇地问O夫人，她是否觉得自己的思维或者行为受到了什么影响，或者她事后是否感到自己被操控了。她直截了当地回答了“没有”，不过随后又回忆起那天晚上她在电视上看到的广告和在电脑上收到的垃圾邮件。可她马上又补充说，广告和垃圾邮件对她完全没有任何影响，这才是最重要的。她甚至都没有注意过那些广告（电影前播广告的时候她在房子里闲逛，电影结束后播广告的时候她又沉浸在塞拉菲娜的幸福中）。那垃圾邮件呢？全都拖进垃圾箱了，她看到的只是发件人的名字而已。很明显，O夫人的回答准备得很充分。不，那天晚上她没有被操控，她可以打包票。好吧。

然而，后面发生的3件事情就要引起我们的思考了，这 3 件事分别发生在 5 月 5 日、7 日和 8 日。

5 月 5 日，周二，下午 4 点半。O 夫人在老城，确切地说，是在左岸多尔摩斯富人区的商店里逛了两个小时，然后就回家了。这真是本周一个愉快的开始：商店里人很少，售货员都笑脸相迎。古玩、精致的内衣、皮制品、珠宝首饰等，商品琳琅满目，可 O 夫人表现得十分理智。她抵制住了不少诱惑，只买了一双春秋穿的鞋，而且她是真的需要这么一双鞋。她很后悔没有打听一下那只皮包的价钱，她对那个珂兰牌的包真是一见钟情。看，跟塞拉菲娜那个包是同一款！

5 月 7 日，周四，中午 11 点 40 分。一个惊喜：亨利没有正常下班，而是忽然风风火火地赶回了家里。他应该是在最后一刻发现自己搞错了行程，他当天下午应该去波兰出差的。生意嘛，就是这样。幸运的是，O 夫人当时还在家，正准备出去。于是他让妻子帮他预订去华沙的第一班飞机，而他要尽快收拾行李。O 夫人给多尔马蒂蓝色海岸旅行社打了电话，订了一张 A9669 航班的电子机票，下午 2 点 35 分出发。一切安排妥当，亨利终于可以按时赴约了。

5 月 8 日，周五，下午 3 点 20 分。O 夫人和她的嫂子埃德蒙德在教堂广场的神龙咖啡馆找了个露天的位置坐了下来。像往常一样，埃德蒙德点了一杯热气腾腾的薄荷茶，而 O 夫人则破例点了一杯冰爽的多尔马可乐。饮料很快就端上来了。

“热茶是金发美女的，冰饮是棕发美女的，我说的对吧？”端来饮料的小伙子大胆地问道。

两个女人聊了不少，先是最近的家事，之后是几句闲话和八卦。

一小时后，O 夫人与埃德蒙德为小费的事情争了起来。

“你要不要跟我去一趟篮子街那边？我想让你看看我一眼就瞧上的一个皮包……”O 夫人一边问埃德蒙德，一边慷慨地留下了不少小费。

那家店倒是不远，可她们终归走了半个小时才到。

“就是那个，橱窗里左数第 3 个。”

“就是有心形扣的那个？”

“对。你觉得怎么样？”

长时间的沉默。

“买吧，你喜欢就行了。”

“听上去你好像不太喜欢啊，埃德蒙德。我考虑考虑吧……要不我周六再买？”

## 无意识影响

尽管 O 夫人丝毫没有察觉，可她其实已经受到了影响。

她极力否认，也是情有可原的，因为这种影响的过程我们是意识不到的，所以也很难避开。不过这种影响与我们之前分析过的操控术有所不同，部分科学家中的哲学家认为，针对这种影响的研究属于另一种科学范畴。在这一章中，我们要研究的是一种新型的操控术，它可以在我们毫无感觉的情况下改变我们的思维方式，引导我们的行为方向。它就是无意识影响[①]（沙努夫，2004 年）。这种影响可以悄悄地通过展示某些信息、人物、品牌或者产品来实现，我们不会注意到这些展示，要么因为它们出现的频率已经高到让我们熟视无睹了，要么因为我们当时脑子里在想别的事情，还可能因为我们根本就没有看它们。

这种影响不能用参与理论来进行分析，而要借助另一种理论。

### 广告或产品的植入

各位读者可能已经在《塞拉菲娜的告别》中注意到商家用在 O 夫人身上的一种影响技巧了。这种技巧一方面宣传了多尔马蒂牌香烟，另一方面也宣传了珂兰牌皮包。这

① 我们在这里介绍的是无意识影响在市场营销中的应用，不过这种手段在其他领域也可以见到，如宣传工作方面。它在民主国家的媒体，尤其是电视媒体中的应用尤为突出，因为媒体是这种国家的喉舌。博瓦在其两部著作中对无意识影响有针对性的研究，感兴趣的读者可以了解一下《自由的幻觉》（2005年）与《隐藏的影响》（2011年）。

种技巧由来已久，在卢米埃尔兄弟[①]时期的电影中就出现过了，它的名字就叫作“广告或产品的植入”。它是将某个产品的品牌或者是品牌很显眼的某个产品“放入”非广告性质的环境中去，这种环境可以是媒体环境、文化环境、娱乐环境等，比如一部电影、一篇报道、一个电视节目、一部小说、一个电子游戏、一首歌，甚至是一幅画（马奈作于1882年的那幅《牧女路叶子戏院的酒吧》就是个典型的例子）。这种植入技巧在电影和电视剧中尤为常见，已经成为市场营销行业的新宠，这些人随时准备在植入广告上下血本。儒勒于在其作品（2011年）中讲述，2005年，尽管制片方开价极高，还是有多达250家企业提出4种在美剧《绝望主妇》中植入广告的方案！值得一提的是，这种植入广告能够让一些发愁的商家避开国家关于广告的规定，通过影视作品来推广他们的烟酒类产品。在一部接一部的007系列电影中，詹姆斯·邦德喝的可不是随便什么牌子的伏特加[②]；西尔维斯特·史泰龙在他所有的作品中抽的也不是随便什么牌子的香烟[③]。至于塞拉菲娜，我们看到

① 卢米埃尔兄弟，电影的发明者。——译者注

② 007系列电影中，伏特加并不是唯一的植入广告，该系列电影中曾出现过众多品牌：巴黎水、高田贤三、普拉达、阿斯顿·马丁、宝马，还有雪铁龙的2CV！

③ 除了制片方，企业还要给演员广告费。史泰龙在6部电影中只抽指定品牌的香烟，因此获得的广告费高达数十万美元。

她在影片的关键时刻吸了一支多尔马蒂牌的香烟[①]。显然，植入广告不是随便在什么时间节点以及随便什么位置都能植进去的。有些植入广告方案就比其他方案效果更好，因为它们掌握好了品牌或产品植入的时间节点和位置。如果可能的话，尽量增加产品出现的次数或者时长，最好能让演员说出产品的名字（凯瑟琳·德纳芙就在《接近天堂》中对自己的搭档说："你那块积家手表真漂亮。"在《VIP街区》中，烟店老板问约翰尼·哈里戴："还是一包'高卢女人'？"诸如此类）。当然，产品最好是和片中的主角联系到一起。此外，我们一般认为，好的时间节点指的是影片中正面情绪出现的时刻。在《塞拉菲娜的告别》中，女主角在关键时刻吸了一支烟，这一刻，剧情正朝着观众急切盼望的方向发展着。担心，然后放松。"塞拉菲娜骄傲地直起身……她的脸不时被她吐出的微蓝烟雾笼罩住。"而那个珂兰牌的皮包在屏幕正中间停留了将近两分钟，而且出现的时机也非常好，即整个影片的结局部分，观众的心中在那一刻充满了喜悦。

---

① 法国电影（如《天使爱美丽》《VIP街区》等）中几乎毫不掩饰的香烟植入广告引起了一些人的反对，如记者保罗·佩雷拉与佩德罗·布里托·达·丰塞卡，还有曾经提交过一份关于抗击烟草中毒的报告的法国议员让-路易·图雷纳。

营销行业的研究者证明，这种植入广告通常会使观众对品牌或产品做出更加正面的评价，而且会提高观众的购买欲，甚至提高将这种购买欲落实到行动上的概率。当然，这种手段并不总是有效：尽管O夫人看到多尔马蒂牌香烟的植入广告时可能会回想起当年吸烟带来的乐趣，但她肯定不会第二天就重拾这一旧习（她已经戒烟1年了）。不过这则植入广告很可能保持甚至是加深O夫人对于多尔马蒂牌香烟的好感。也许O夫人不是一条容易上钩的鱼，但肯定有不少男女老少比她更容易受到植入广告的影响。

珂兰牌皮包的植入广告在O夫人身上倒是起了作用。逛街的时候，O夫人的目光就被橱窗里的珂兰牌皮包吸引了，这个皮包给了她一种不可名状的好感。几天后，尽管她的嫂子对这个皮包持保留意见，但她还是差一点就动了买包的心思（"要不我周六再买？"）。不过，以我们对O夫人的了解，她可不是乱花钱的主。

我们已经不可能知道O夫人是否终有一天会买下那只珂兰牌皮包了，因为我们觉得她太喜欢那只皮包了，就把它买下来送给了她。[①]

---

① 我们在写完这本书之后，为了表达对她的感谢，送了她这份礼物，毕竟，没有她就没有这本书。

## 认知无意识

我们之所以首先介绍了植入广告手段，是因为它能帮助我们更好地理解 O 夫人思考和行事的认知过程，理解她在第二周的周二、周四和周五的所作所为。事实上，其他赞助和广告手段也可以达到类似的效果。

想要理解植入广告的效应，就要接受以下这个不太好接受的现实：面对某些刺激（如上例中的品牌与产品），即便我们并没有过多注意，甚至根本没有注意，我们仍然会受到它们的影响。不可思议的是，有些人根本不记得曾经看到过某个产品，植入广告却依然能够在他们身上产生效果。比如在刚才的例子中，我们也不能说 O 夫人真的注意到了塞拉菲娜在铺满阳光的站台上挎着的那个珂兰牌的包。我们现在面临的是一个十分有趣的新的研究领域，即非明确表达领域（非明确感知、非明确记忆、非明确理解等），有时我们称之为“认知无意识”。我们这里说的“无意识”并不是弗洛伊德精神分析学中的无意识，它既不是什么“深层”[①]的东西，也不属于个人。它只与我们日常生活中进行的认知过程和信息处理过程有关，这两种过程在每个人身上都会真实发生，有时还会给人们造成错觉。

库尔贝、瓦努埃莱与拉维涅的实验（2008 年）结果很令人吃惊，它证明了即便实验对象没有明确察觉到品牌的出现或者将品牌记在心里，该品牌仍然可以产生积极的效果。实验以所谓的远程教学名义展开，实验对象要在网上听完一门课程，学科不限，课程结束后他们要回答相关问题。他们听课的网站真实存在，靠广告商投放广告来维持运行。实验对象听课的时候，屏幕上方会出现一些虚构品牌（卡德尔纳、弗拉博等）的广告，有些出现 5 次，有些会出现 15 次。有的广告只是出现了品牌的名字或者带着品牌名字的产品图片（比如一只盒子）。如果让你置身于同样的环境，你也许会被引诱着抬眼看一下屏幕上方滚动的广告。不过只是引诱而已，因为你不能抬眼：一台精密仪器（眼球追踪器）会一直追踪你的目光走向，你一抬眼看，广告就会消失。在这种条件下，基本上可以确定，实验对象只能用余光看到广告，因此他们不会有意识地对广告信息进行处理。下面的结果可以证明这一点：实验对象在事后完全不记得屏幕上方出现过的产品和品牌。实验人

① 这里暗指人格心理学家与精神分析学家所研究的“深层心理学”。

员把这些产品和品牌拿给他们看，他们都坚称从来没有见过。然而……几分钟以后的测试证明，与对照组（即没有植入广告的组别）相比，这一组的实验对象：

1. 对出现过的品牌好感更大；
2. 对出现过的品牌有更加正面的描述；
3. 表现出了更强的购买欲。

一周后的结果更加明显！因此，无意识地发现，即无意识地在大脑中处理过的产品在当时以及一周后都可以左右我们的思维甚至是行事方式。这些都是在我们浏览网页时出现的广告，我们通常完全不会注意到它们，可它们仍然能够对我们产生影响。

该如何发现这些影响呢？

## 评价性条件反射

可以认为，在我们完全意识不到的情况下，带有积极情绪的环境可以在某种程度上影响我们对某一品牌或者产品的评价。在这里，环境（场景、情形、面孔等）的积极性被转移到了偶然出现在该环境中的品牌或者产品上面。戈恩曾经进行过的一项有趣的实验（1982 年）就清晰地展现了这一点。首先，实验人员挑选了两种颜色的水笔，一种是浅蓝色，一种是浅灰色，并确保这两种水笔对实验对象的吸引力完全相同。这一点实验人员做到了，实验对象中，一半的人喜欢浅蓝色水笔，另一半人喜欢浅灰色水笔。

进入正式的实验阶段，实验对象认为他们看到的是一则广告：实验人员为他们播放了一组关于水笔的幻灯片，其中一部分实验对象看到的是浅蓝色水笔的幻灯片，另一部分看到的是浅灰色水笔的幻灯片。短暂的幻灯片放映（1分钟）期间，实验人员还播放了一段音乐，一部分实验对象觉得这段音乐很好听，而另一部分则觉得不好听。因此，实验包含了四种情况：浅蓝色水笔/好听的音乐、浅蓝色水笔/不好听的音乐、浅灰色水笔/好听的音乐以及浅灰色水笔/不好听的音乐。

实验结束时，每个实验对象会获赠一支笔，颜色有两种选择：浅蓝色或者浅灰色，也就是说可以选自己在幻灯片上看到的那支或者另外一支。正如我们所料，大部分实验对象选择了在好听的背景音乐下看到的那支笔（在听到好听音乐的实验对象中，79% 的人选择了他们在幻灯片上看到的那支笔）；同样，大部分实验对象没有选择在不好听的背景音乐下看到的那支笔（在听到不好听音乐的实验对象中，仅有 30% 的人选择了他们在幻灯片上看到的那支笔）。然而这并不是实验的最终目的。戈恩随后让实验对象为他们的选择给出详细的解释。91% 的人十分自然地将原因归结为笔的颜色，给出的都是诸如“我一直很喜欢浅蓝色”“浅灰色是一种很优雅的颜色”一类的理由。所有人均未提及他们听到的音乐。

这次实验证明，我们的选择可以在我们意识不到的情况下受到影响，而且我们更愿意把自己做出的行为归因到自己身上。也就是说，在做出选择后，我们会修改自己的看法，使之与我们的选择相符，让选择显得更合理，可我们并不知道这样做的原因是什么。①

这次实验的结论将成为广告行业人员的金科玉律：当展示产品的环境令人感到愉悦时，它会增加产品的吸引力；而当环境令人不悦时，则会降低产品的吸引力。②自 20 世纪中期起研究“评价性条件反射”的心理学家们十分熟悉这种将环境的价值转移到产品上面的手段。不过我们还是要提一下这方面研究的鼻祖，来看看亚瑟·斯塔茨与卡洛琳·斯塔茨最初的心理学实验。

在他们的实验（见亚瑟·斯塔茨 1964 年的著作）中，实验对象要将注意力集中到一些词语（目标词语）上，如人名、国家名以及其他一些没有实际意义的词语。另外，实验过程中他们还会看到或听到一些妨碍他们集中注意力

① 还记得吗，同样的行为合理化过程也发生在了亨利身上。在准备睡觉的时候，亨利通过这一过程重新梳理了思绪，即达到心理学家口中的“认知平衡”。如果达不到这种平衡的话，亨利将会很难入睡。

② 你见过环境令人不悦的广告吗？当然没有，原因就是广告商会想尽一切办法让广告的环境达到最讨喜的程度（在音乐、图像、颜色、剧情等方面下功夫），让电视观众产生积极的情绪。

的词（干扰词语），这些干扰词语分为消极含义词（失业、医院、事故等）、积极含义词（爱、自由、婚礼等）和中性含义词（椅子、卷、盥洗室等）。例如，实验对象会在幻灯片上看到一个人名（如汤姆、吉姆、哈利等），这个人名（目标词语）会出现在一大堆交错的词语（干扰词语）里面。实验人员会要求实验对象将注意力集中到人名上，并无视周围交错的词语。在第一组实验对象中，人名会出现在具有积极含义的干扰词语中间；在第二组实验对象中，同样的人名会出现在具有消极含义的干扰词语中间；在第三组实验对象中，人名会出现在具有中性含义的干扰词语中间。最后，实验对象要告诉实验人员他们是否对出现的人名有好感。

实验人员观察到，干扰词语的积极性和消极性直接影响着实验对象对人名的评价。与对照组（中性含义干扰词语组）相比，当出现在人名周围的是积极含义的干扰词语时，实验对象对人名更有好感，而当出现在人名周围的是消极含义的干扰词语时，人名则失去了吸引力。然而，没有一位实验对象认为他给出的评价（“我喜欢”或者“我不喜欢”某个人名）受到了干扰词语的影响，他们完全不记得都出现了哪些干扰词语。研究还没有结束。在另一项实验里，实验对象会和一个名字在上一实验中作为目标词语出现过的人（比如叫汤姆或者吉姆的人）同处一室。如果他们曾经在上一实验中对这个名字有好感，他们面对这个人的行为会更加真诚；如果他们对这个名字没有好感，行为则会缺乏真诚度。[①] 值得深思的是，对人名的评价（正面或负面）竟然与干扰词语的含义有直接的关系，由此可见，不知不觉中，评价性条件反射对我们思考、感觉和行动的方式有怎样的影响。不难理解，这种条件反射会得到广告行业与市场营销人员的青睐（勃朗与维达尔，2009 年；高乃耶，2010 年）。

20 世纪 60 年代以来，针对评价性条件反射的研究日渐升温（霍夫曼、德胡威、佩鲁基尼、贝因思与克隆贝兹，2010 年）。如今我们已经证实，这种现象的效果十分明显（马丁与勒维，1978 年；皮特斯，1999 年；加斯特、嘉禾斯基与德胡威，2012 年）。实验人员将这种现象放置在不同的环境下进行了测试，环境刺激包括词语、音乐、气味、面孔等，均证实了其效果。实验人员在环境中置入目标物品也是多种多样，如人名、词语、形状、面孔、食物等。

下面我们来总结一下：

▲ 评价性条件反射表现为将环境的价值转移到目标物

① 博科维茨与克努来克于1969年进行的一项类似实验中得到了同样的结果。他们发现，如果一个人的名字曾经在消极环境中出现过，实验对象事后会对其表现出敌意，尤其当实验人员对他们进行了刺激，使他们感到恼火后，这种敌意会更加强烈。

品上，目标物品与环境的组合是完全随机的；

▲ 评价性条件反射发生时，我们完全意识不到环境与目标物品之间的联系，而且绝大部分情况下，我们甚至对环境毫无印象；

如果我们意识到环境与目标物品之间的联系，评价性条件反射的效果会相应降低；

▲ 评价性条件反射带给目标物品的价值可存在相当长的一段时间（评价性条件反射并不随着环境与目标物品联系的停止而消失，这同巴甫洛夫的经典条件反射[①]正好相反）；

▲ 如果实验对象之前完全没有见过目标物品，那么评价性条件反射的效果会达到最佳状态。

现在，我们回过头来再说一说O夫人特别喜欢的那部电影中的植入广告。显然,环境（即幸福的氛围）与目标物品（珂兰牌皮包）之间存在联系。然而，仅仅用评价性条件反射来解释O夫人之后的反应是不够的。条件反射中，无论它是什么性质，在具有一定价值的环境和要接收这一价值的目标物品之间一定存在数种联系。因此，想要进一步理解O夫人对那个皮包的钟情，还需要另一种现象的帮助。研究人员将这种现象称为“单纯曝光效应”，他们通过实验证明，只要看到产品的时间足够长——那个珂兰牌皮包就是如此，就足以

① 如果铃声响起时不再供应食物，很快，狗在听到铃声以后将不再分泌唾液。

达到广告行业人员期待的效果（罗素，2002 年）。另外，显然，单纯曝光的次数越多，效果也会越好。

### 单纯曝光效应

最杰出的社会心理学理论学家之一罗伯特·扎容克认为，某个刺激的单纯曝光能够改变我们对这一刺激的看法。在他的一个具有历史意义的实验（扎容克，1968 年）中，实验对象要念出一些对他们来说毫无意义的词语（如 dilikli），他们会认为这些词属于土耳其语。这些词语可能只出现一次，也可能出现数次（根据不同的实验条件，可能出现 2 次、5 次、10 次，甚至 25 次）。在对照组中，实验对象不用念出这些词语。所有实验对象随后都要对这些词的意思做出判断：在你看来，这些词代表着好的东西还是不好的东西？扎容克观察到，出现次数最多的词语得到了比其他词语更积极的评价。在随后的实验中，各种不同类型的刺激均得出了同样的结果，这一点自不必说。难道仅仅接触到某个品牌或者产品，我们针对它的看法甚至是行为就能在不知不觉中受到影响吗？绝大部分理论学家都倾向于给出肯定的答案（林德弗莱什与茵曼，1998 年），尽管其中一些人仍然会持保留意见[1]。

---

① 儒勒于（2011年）认为这其实是一种“危险的捷径”。

前文中说过，当产品此前从未出现过时，条件反射的效果会更强烈。珂兰牌皮包的例子便是如此，它当时是春夏季的新款。另外，我们还曾经提到，尽管广告商认为让观众记住他们所传递的信息很重要，但其实这种“鲜明”的记忆远没有那么重要，有些人坚称从来没看到或者听到广告传递的信息，却依然在数日甚至数月后受到了广告的影响。这就是研究人员一直强调“亲密感”重要性的原因。“亲密感”在这里有两种含义。第一种与接触产品的次数有关，就是说这种亲密感是由产品展示的频率造成的，当然，产品展示频率越高，亲密感越强烈。如果产品的展示是潜意识层面的，也就是说展示的时间不足以让人察觉到产品的存在并在意识层面对产品信息进行处理，那么这种亲密感的效果会更加强烈（伯恩斯坦，1989 年）。第二种含义与“似曾相识”的感觉有关，人们会模糊地感到在哪里看见过这种突然出现在眼前的产品。这种感觉会导致我们仅仅因为一点点模糊的印象就对产品做出积极的评价（库尔贝，2006 年）。这种感觉可能与之前产品展示的次数有关，但这种关系并不是必然的。只要见过一两次，哪怕过后就忘记了，我们的脑子（确切地说是“内隐记忆”）里也会留下一定的痕迹，左右着我们下次见到产品时的反应。《塞拉菲娜的告别》中那个珂兰牌的皮包没有出现过太多次，但出现的时间却很长（如果把片尾定格的画面算上的话，皮包出现的时间持续了好几分钟）。女主人公只背了一次这个皮包，它却在O夫人的记忆中留下了痕迹。当她周二下午逛街时在商店的橱窗中看到同一款皮包时，这条痕迹就自动被激活了，似乎是周日晚上那部电影的最后一幕在O夫人记忆中留下的痕迹使O夫人对这个皮包产生了积极的印象。

总之，我们会把对某一产品或者品牌的好感归功于产品或者品牌本身，却意识不到之前与它们发生的接触对这种好感的产生有决定性的影响，甚至都意识不到我们曾经接触过它们。这样一来，我们就能理解为什么广告商如此青睐单纯曝光效应了：只要看到某个产品，我们最终就会觉得它更好看、更实用、更有吸引力。

上述亲密感效应属于认知无意识范畴，威廉姆·坤斯特－威尔森与罗伯特·扎容克的实验（1980年）就证明了这一点。他们的实验十分具有代表性，至今仍然具有参考价值。

这一次，实验对象接触到的是各种形状，并在接触后发表他们的看法。一共有10个形状会出现在幻灯片上，一共出现5次，出现的时间非常短，短到实验对象根本无法“看到”它们，就更不用说在意识层面对它们进行处理了。这就是典型的潜意识展示。5次展示完毕后，实验人员会把成对的形状摆在实验对象面前，其中一个形状是之前出现在幻灯片中的，另一个形状则从来没出现过。每看一对形状，实验对象先要指出哪一个是自己看到过的，然后说出自己的偏好。读者们可能已经猜到了，由于此前形状以潜意识展示的方式呈现，实验对象认出形状的比例和我们平时抽签的结果差不多，即 50%。然而，对曾经出现过的形状的偏好比例则要比 50% 高得多，这种结果就不能用抽签来解释了，它出现的原因其实是实验对象对之前出现在幻灯片上的形状的偏好。可是他们并没有真正“看到”这些形状，因为他们根本没有这个时间。因此，如果说他们倾向于偏好这些形状，我们不得不承认，那是因为这些形状对他们来说不是第一次出现，它们在实验对象的认知体系中留下了痕迹。

我们自然会联想到这些潜意识信息和通过利用它们可能造成的有害结果。当然，这种手段，尤其是在广告方面的应用，在很多国家是被禁止的（法国自 1992 年开始禁止，美国从 1958 年就禁止了）。然而有些意识层面的广告信息同样不会引起观众的注意，也就得不到意识层面的处理，更不会被观众记住。比如足球运动员球衣上的广告出现的时间长达 90 分钟，严格意义上讲，它绝非潜意识层面的展示。然而，观众是否真的能注意到这些广告，随后在脑中对其进行处理并储存在记忆里，这一点是值得怀疑的。观众们真的看到这些广告了吗？网上那些出现在浏览器边边角角位置的广告或者我们一看到就马上关闭的广告也是如此，某些活动上的赞助商广告还是如此。但是，意识层面的广告和潜意识层面的广告其实有同样的效果！而且我们照样不会注意到它的效果。近期，多尔马蒂国会就在讨论关于这类广告的一项法案，讨论进行得热火朝天，有些议员甚至认为应该在多尔马蒂宪法中加上一条新的人权，即选择不观看广告的权利。在他们看来，人们在看足球赛或者上网的时候应该有权选择避开铺天盖地的广告。他们提出，电视里的广告时段应该有明确的开始和结束时间，这样一来，不想看广告的观众就可以安心换台了。然而在看足球赛和上网时情况就有所不同了，无论你是否愿意，广告都会出现在那里，除非你不看比赛或者不上网，否则就只能受广告的罪。多尔马蒂团结民主运动也认为这是一种对自由的侵害，完全不可接受，而且与多尔马蒂人民的价值观相悖。而其他议员，尤其是自由共和党和多尔马蒂自由联盟运动的成员，则认为问题应该换个提法。他们也强调对自由的无限追求，但是另一方面，他们呼吁关注国家的经济利益，认为在经济危机时期，各党派要懂得为国家经济“负责”。

让他们争去吧[①]……我们回过头来再看看O夫人。还

① 我们刚刚在网上看到，多尔马蒂媒体报道称这项法案要延期通过。我们给了自己一个任务，就是在看新闻的同时仔细观看网页周边陆续出现的四五条广告。没什么可说的，这些广告做得挺成功。

记得吗，5月的某个周四，亨利让O夫人救急，帮他订第一班去华沙的飞机机票，而她立刻在网上搜索了多尔马蒂蓝色海岸旅行社的电话，并通过他们预订了一张电子机票。不过，如果查一查《两千五百万消费者》杂志[①]上的机票价格对比的话，多尔马蒂蓝色海岸旅行社是民意调查中10家订票手续费最高的旅行社之一。O夫人之所以在他们那里而不是别的旅行社订了机票，并不是出于什么特殊的原因，而是因为多尔马蒂蓝色海岸旅行社在她的认知潜意识里占了一个很好的位置。我们现在来分析一下原因。

周日晚上的垃圾邮件可不是随便发的，尽管O夫人直接把包括多尔马蒂蓝色海岸旅行社广告在内的垃圾邮件都拖进了垃圾箱，而且这也不是O夫人第一次删掉多尔马蒂蓝色海岸旅行社的垃圾邮件了。根据我们的统计，他们在两周内发了4次，不过O夫人显然已经不记得了。她也不记得周日晚上电视里足球运动员在立正合唱多尔马蒂国歌的时候，他们的球衣上写满了广告，其中就有多尔马蒂蓝色海岸旅行社的，那场球赛就在天气预报和广告后面。当时她舒舒服服地躺在沙发上换着台，时不时地扫一眼《5日电视》上的节目预告。她只记得自己是在坚持听完国歌后换的台，因此，通过单纯曝光效应，多尔马蒂蓝色海岸

① 多尔马蒂阅读量最大的倾向消费者的杂志。

旅行社将它的痕迹一点点地刻入O夫人的认知无意识中。值得一提的是，在国歌演唱阶段，除了单纯曝光效应以外，还出现了评价性条件反射。对像O夫人这样有爱国心的人来说，这真是一次经典的评价性条件反射：将国歌同多尔马蒂蓝色海岸旅行社联系起来，很可能得到与戈恩实验（1982年）中把好听的音乐与水笔联系起来一样的结果，那就是环境（此处为多尔马蒂国歌）的价值转移到了与其关联的目标物品（多尔马蒂蓝色海岸旅行社）上面。

当然，我们不能保证所有广告手段在潜在客户身上产生的效果都是之前提到的无意识层面操控的产物。广告商和市场营销行业人士更愿意使用更加“高端”的心理操控，这类操控会涉及人的认知、复现能力和想象力。他们这种偏好不无道理，毕竟，确实有这种消费者，他们之所以喜欢并购买某一品牌的洗衣粉，是因为他们相信电视里穿着白大褂的“研究人员”通过“实验室测试”得出的能证明产品效力的“科学论据”；她们之所以对某款化妆品产生购买欲，是因为她们被广告里模特“用过”这款化妆品后得到的柔顺秀发或者光滑皮肤所吸引。好吧，不过我们在这里只是想说明，无意识层面的操控（尤其是单纯曝光效应与评价性条件反射）在其中也发挥了作用，在我们看来，这种操控甚至可能扮演着举足轻重的角色。

## 广告和营销的威力

现在我们回到神龙咖啡馆的露天座位，来看看最后一个问题：为什么O夫人会点了一杯多尔马可乐？只要回过头来再看看周日晚上的情况，就能找到两个解释这一行为的原因。第一个原因大家都知道，就是在电影开始前和结束后都播放了这款可乐的广告。[①] 广告的首要目标就是刺激消费行为和保证消费的持续性。O夫人当晚可能并没有注意到可乐的广告，其实在她很小的时候就已经喝过这种可乐了。据她说，她在电视和其他媒体上经常能看到这种可乐的系列广告，一个比一个精彩。至于第二个原因，在翻看《5日电视》查找周日晚上的电影简介时，O夫人翻到了好几个整版广告，其中一个就是多尔马可乐的：一只巨大的开了盖的瓶子闪耀着光芒，瓶口三分之一的位置冒

① 在多尔马蒂，广告只能在广告时间及其他节目开始前和结束后播出，无论节目的长短。而在周边国家，广告也可以在电影或者节目中间播出，有时还可以播出好几次，这在多尔马蒂观众看来太不可思议了。不过也说不定有一天多尔马蒂也会以周边大国为榜样，推出这种“广告间歇”，多尔马蒂文化与交流部部长菲利普·珀蒂就放出了这样的口风。

着金褐色的气泡。页面上写着一行金色的字，字体大小不一，像是在一夜酒醉后疯狂地跳着法兰多拉舞："闪耀你的欲望。"然而O夫人几乎没怎么看就把这页翻了过去。事后她解释说，那天之所以点了多尔马可乐，是因为她喜欢所有可卡因[①]制成的饮料，这让我们联想到了麦克卢尔、李、汤普琳、西贝尔、蒙塔格与蒙塔格的一项研究（2004年）。O夫人后来又补充道："多尔马可乐和多尔马百事有天壤之别，所以你们根本不用深究我点多尔马可乐的原因！"我们不禁给她讲了讲麦克卢尔他们的研究。

这绝对是神经营销学界最著名的研究之一，研究中使用的是两种成分几乎完全相同的碳酸饮料：百事可乐与可口可乐。不过之前的测试表明，实验对象在盲测下更喜欢百事可乐的口感，而在知道两种可乐的品牌后则更青睐可口可乐。[②]这个现象很值得研究，但更值得研究的是，品尝两种可乐的实验对象在知道品牌前和品牌后，他们的大脑中被激活的部分是不同的。他们不知道品牌时，大脑最活跃的部分是腹内侧前额叶皮层（也就是掌控愉悦感的部分……），百事可乐在这一轮获胜，可口可乐几乎没能激

---

① 早期的可乐均含有可卡因，目前的可乐虽已剔除这一成分，但仍包含了其他可卡因萃取物。——译者注

② 详见塞巴斯蒂安·利亚尔代关于"百事效应"在其他市场营销案例中的拓展应用的论文：http://cas-de-strategie.editions-ems.fr/comp/casquick.pdf

活这一部分。而当实验对象被告知两种可乐的品牌后，大脑中最活跃的部分变成了背外侧前额叶皮层和下丘脑（也就是负责价值评判和记忆的部分），而这一次胜出的就是可口可乐了。麦克卢尔与同事们的实验结果向我们证明了广告和其他营销手段对我们的影响。我们就这样错把他乡做故乡了，事实上，是亚特兰大那家公司[①]的营销手段而非可乐带来的愉悦感让实验对象和我们都更喜欢可口可乐。

了解了广告的威力后，O夫人的自我感觉就没那么好了。她向我们保证，下次再和嫂子埃德蒙德一起去神龙咖啡馆，她一定会点一杯冰爽的多尔马百事。

① 即可口可乐公司，其总部位于亚特兰大。——译者注

# 总　结

我们曾经接受了多尔马蒂国家电台的采访，在这里，我们摘录几段采访内容作为总结。

多尔马蒂国家电台：这让我想起了另一个问题。你们可能已经猜到了，这个问题是关于你们这本书中描述的各种现象的。你们会不会有些夸大了实验室研究的现实意义？

让－雷翁·博沃瓦：感谢您提出了这个问题。确实，社会心理学是一门实验科学，也就是是“实验室”里的科学。在科学史上，又有哪一项研究不是在实验室里进行的呢？所有的科学不都是这样吗？我们都知道，一门科学的建立首先需要在最纯粹的实验条件下制造出各种现象，而最纯粹的条件只能在实验室里实现。观察到这些现象后，我们才能从现实生活中的诸多现象中把它们辨认出来。然而，我们所研究的现象（锁定效应、门槛效应、启动效应、诱饵手段、闭门羹效应、贴标签技巧等等）并不是严格意义上的“实验室现象”，它们中大部分是实验人员在实地制造的，实验对象显然并不知道自己参加的是一项社会心理学研究，也不知道他们面对的是一位实验人员。因此，他们的反应都是绝对的真实反应。门槛效应、闭门羹效应、“由您自己决定”技巧等并不是“实验室里的神话”，它们都是现实生活中可以见到的，它们在现实中产生的条件和实验室里制造的条件一样纯粹。

多尔马蒂国家电台：您是说这些现象并不是假设出来的，而是真实存在的，并且我们每个人每一天都可能成为一次门槛效应、启动效应、“怪圈”现象、贴标签技巧等的受害者？如果是这样的话，你们的书会不会有教读者操控别人的嫌疑？

罗伯特－万森·朱尔：我知道您的意思，您是在批评我们为有成为操控者潜质的人提供了武器。我在这里澄清一下。所有人，包括您、我，还有广大听众，我们都是操控者，但这并不能说明我们都是罪大恶极的人。谁敢说自己从来没有通过迂回婉转的方式从别人那里得到自己想要的东西呢？所以，如果说这本书为有成为操控者潜质的人提供了武器，那它同时也为所有人提供了武器。现在要说的就是那些专业的操控者了，他们的职业本身就是从他人那里得到想要的东西，他们分别是职业经理、商人、社会工作者和教师。不过他们只是利用操控方面的知识来优化自己的工作，这也能怪他们吗？要知道，他们并没有指望着这本书出版后利用它来完善自己的技巧。有时，他们是在有意操控他人，我指的是商业界的从业人员，他们的任务就是将美国那些深受社会心理学启发的营销手段引入法国。有时他们又在无意中通过借鉴或者自创一些办法来管理或者教育他人，他们会觉得这些办法完全合乎自己的职业道德，可其实这些办法的效果都是带有操控他人的性质的，这类人主要包括职业经理、社会工作者和教师。君不见，他们都在主动自愿地使用着贴标签技巧，门槛效应和“由您自己决定”技巧。难道就因为他们是在无意识地使用操控术，我们就可以说他们是无辜的吗？这就要由您自己来评判了。而作为科学家，与其把前一种人（即职业经理）称为“公猫”，把后一种人（即社会工作者与教师）称为“母猫”，我们更愿意把他们统称为“猫”。

多尔马蒂国家电台：好吧，就算他们没想从你们的书中学到什么，可你们得承认，这本书还是多少对他们有所帮助的吧？

让-雷翁·博沃瓦：首先我要重复一下我朋友的原话，

他们只是利用操控方面的知识来优化自己的工作，这也能怪他们吗？当然不能。我们来通过一个例子分析一下。我们可以先引诱顾客做出领取试用装的决定，以此来推销我们的香皂；也可以通过强调它可以满足顾客保持年轻性感的需求来推销香皂，并邀请“和平”运动[①]的超模卡拉·阿桑布丽做代言，自从在比利时的比赛中脱颖而出后，她就成了时尚记者追捧的对象；我们还可以在一场网球赛或者足球比赛中悄悄插入广告，让香皂的名字出现70次，每次半秒钟，这就完全不是劝说型推销了，而是属于现代广告常用的潜意识影响手段。在第一种手段中，我们是通过门槛效应让顾客做出了第一个行为（领取试用装），再引出第二个期待行为，这种手段并未给顾客提供购买香皂的理由；在第二种手段中，我们是拿顾客当傻子，一个为了不存在的功效而购买香皂的傻子，这种手段提供的是虚假的理由；而在第三种情况中，顾客甚至没有拒绝或者反驳的自由，他失去了民主国家所宣扬的自由中最根本的一种，我们只把他当作个体消费者群体中普通的一员。在第一种情况中，我们通过一种行为方面的技巧来操控顾客；在第二种情况中，我们使用的是一种更传统也更合情理的操控术，即真实性手段。在第三种情况中，我们使用的是最缺德的一种操控术：我们“指挥”了顾客，

① 常被称为“和平与爱”运动，这一运动长久地代表着多尔马蒂的道德品行与精神风貌。

这是所有宣传策略的长期目标。好了，您来选一种吧！

多尔马蒂国家电台：无论如何，你们这本书中介绍的操控术可以用于实现不道德的目的。

让-雷翁·博沃瓦：当然，如果这些操控术的使用者不是老实人，它们确实会引发一些道德方面的问题，遇到这种情况就要毫不通融地揭发。但老实人使用操控术的时候也会被人误认为道德有问题。几年前，我受邀参加一家计划生育中心组织的会议，所有与会者无一例外都看过我们这本书。我们热烈地讨论如何使书中的操控术达到最佳效果，讨论持续了很长时间。有两三位中心的工作人员被这次讨论深深地触动了，她们在讨论中看不到她们对“人”（在这里当然特指“女人”）这一概念的理解，而这个概念很重要，是她们日常工作的基础，也决定着她们的职业道德。“操控”这个词在她们看来很严重，她们拒绝在值班的时候使用书中提到的操控术。她们也承认，这样会大大降低工作效率。而另一位工作人员在听了她们的话之后发了火，她指责自己的同事说，这样一来，难道任凭一位年轻姑娘被一个不老实的青年搞得怀了孕就更符合职业道德吗？这件事还是让各位听众来评判吧。

罗伯特-万森·朱尔：是的，尽管操控术能够提高效率，但它们仍然为很多人所不齿。我想在这里向各位听众提个问题——当事情超出你的心理或者生理能力范围，你却拒绝求助于一种经科学证明有效的方法，理由是它不符合人类行为的基本准则，这难道就符合伦理道德了吗？这种观念往往是错误的，可人们还是对它深信不疑，因为它完全符合"人类"和"自由"的定义。

让-雷翁·博沃瓦：请允许我再补充一句，任何人都可以使用行为类技巧，如门槛效应、接触技巧、"由您自己决定"技巧等等。如果说我们这本书为职业操控者提供了武器，那么大家也要承认，他们还具备其他武器，而通过这本书获得的武器并不比其他武器更该受到谴责。另外，我们其实也希望通过这本书让那些有可能被操控的人更好地保护自己。

多尔马蒂国家电台：正好，二位是不是可以再谈谈如何避免受到操控？多尔马蒂人十分关心这个问题！

让-雷翁·博沃瓦：我们给各位听众的第一个建议是仔细读读我们这本书。其实，想要避免受到门槛效应、启动效应、闭门羹效应、嘴甜效应等手段的操控，最好的办法还是了解这些手段的原理。我们在此就不赘述细节了，而是给大家几条基本且实用的建议。

我们首先建议各位听众要懂得改变自己的决定。这一点比我们想象中要难，因为行为准则与意识形态会让我们更倾向于保持始终如一。许多操控术正是利用了这种倾向，可被操控的人并不知道他们接下来要面对什么。只要听了这条建议，各位听众就可以避免受到启动效应和诱饵手段的操控，也可以避免盲目消费、“参与行为升级”和“怪圈”现象等自我操控术。

第二个建议还是与决定有关，而且和前一个属于同类建议：要懂得将两个先后做出的决定视为各自独立的两个决定。人类社会的行为准则与意识形态促使我们在生活中留下自己的印记，确定自己的风格，换句话说，就是让我们在人生长河的无数决定中能够认出自己。而我的第二个建议就是要打破这些行为准则与意识形态，将大家引向完全相反的方向。当你要做决定的时候，请忘记你以前做过的决定，摆出所有解决问题的办法，并千万不要特别关注你以前曾经选择过的办法。你曾经对向你求助的人说“好”，这并不意味着今天你也必须对他说“好”,尤其当他今天求助的胃口更大的时候。如果这个人怪你反复无常的话，你可以自信地回答他说，你根本就不吃锁定效应那一套，或者你不喜欢门槛效应，更不喜欢双重门槛效应。如果对方一脸疑惑，根本不明白你在说什么，那就推荐他来读我们这本书吧。

罗伯特-万森·朱尔：我来介绍第三个建议，它也同人类社会的行为准则和意识形态格格不入——不要高估你的自由度，换句话说就是要正确评价你的自由度。我们书中介绍的操控术只有在牵扯到自由度的背景环境下才会生效。我在这里无意挑起关于自由的哲学辩论，我只是想说，只有当一个人产生自由感的时候，他才能真正被人操控。说实话，这种自由感让我很困惑。别人向你打听时间，让你做出一个大家都会做的选择，或者你在知道拒绝比接受的代价会更高的情况下同意帮别人一个小忙，在这些情形中，自由感到底有怎样的意义呢？当然是毫无意义！可正是这种自由感让人们变得如此脆弱。在这些生活中处处会出现的情形中，在一个人做出决定后，我们只能建议他仔细分析一下自己面临的压力，不得不遵守的行为准则，还有他的上司、老师、家长、邻居甚至是朋友给他下达的明确或不明确的命令；另外还会建议他只有在做有可能改变人生的重大决定时再利用自己的自由感。这样一来，他就能够避开贴标签技巧与“由您自己决定”技巧的操控了。

多尔马蒂国家电台：二位，打断一下。我要提醒一下你们，我们身处的是一个民主国家，自由是作为国家的基本原则被写入多尔马蒂宪法的。如果我没理解错的话，你们刚才的意思是，这位懂得做出并坚持决定的民主国家公民，这位能够自由做决定的公民，也就是能为自己行为负责的公民，他本身就是操控术的最佳对象……

让-雷翁·博沃瓦：这次轮到我打断您了。我们并不想参与什么是自由、什么不是自由的讨论。一个人自由还是不自由，这属于哲学讨论和政治讨论的范畴，而不是科学讨论的对象。作为社会心理学家，我们只关心两个问题。

第一个问题是，在我们行动所产生的认知和行为方面的影响中，自由感所发挥的重要作用。无论我们愿不愿意，正是这种自由感使我们在行动中产生参与度，主动将自己的行为合理化，并做出代价更高的行为——我们通常是不会主动做出这些行为的，而在我们书中描写的“自愿屈从”类情形中，我们就会主动做出这种他人期待我们做出的行为。

第二个问题显得很矛盾：自由感并不能让我们拒绝做出那些我们平时根本不会做的期待行为。在社会心理学家们的诸多研究中，这种自由感只是实验人员嘴上那么一说，他会告诉实验对象他们可以自由决定到底做还是不做实验人员请求的事情。可这并不会妨碍实验对象做出这种他们在受到压力时才会做的事情。换句话说，如果仔细观察一下社会心理学实验中的无数研究对象，我们会发现，那些被告知完全自由的人，会和被告知没有自由的人做出同样的行为。更有甚者，通常是这些“自由”的人更容易屈服。

这也是“由您自己决定”技巧研究得出的结果，很遗憾，我在这里没有时间细说这个问题了。

人们很难相信，那些赞同大部分人类社会评判准则可还相信自己能舍弃这些准则的人，那些觉得自己自由的人，那些希望自己始终如一的人，那些为自己的行为和发生的事情从自己身上找原因的人，无疑是最容易被操控的人。而在民主国家里，正是这些人最有可能成为职场上的赢家，这一点很值得我们思考，不过在这里我就不多说了。

综上所述，很明显，自由这一概念在组织机构的民主运作方面是必不可少的。不过，我和我的同事都是实实在在的民主人士，我们之所以揭露这种自由感可能带来的恶果，是为了宣传一种更加真实、更加有活力的民主。

多尔马蒂国家电台：您是说多尔马蒂不是一个真实而有活力的民主国家？

罗伯特-万森·朱尔：我也不想被卷入什么政治讨论中去。可既然您提出了这个问题……要知道，我和我的同事为能够生活在民主国家而感到非常幸福。如果能确认多尔马蒂人民的日常行为与其他没那么民主的国家里的人民有本质上的区别，那么我们随时准备承认多尔马蒂是一个真实而有活力的民主国家。如果民主国家不能将民主这一概念渗进人民的日常生活，也不能让人自由选择自己想实施的行为，那么它还能是一个真实而有活力的民主国家吗？当然，决不能说多尔马蒂永远也无法成为一个真实而有活力的民主国家，不过民主化的前提是不破坏“自由”这一概念。自由的问题是一个严肃的问题，让－雷翁曾写过一本名为《自由二三事》的书，专门分析了这个问题，我建议听众们去看看这本书。

多尔马蒂国家电台：如果我没理解错的话，您评价一个民主国家的标准是，它是否能在日常生活中制造出新的自由行为？

罗伯特－万森·朱尔：您理解得没错——新的行为，还有新的实践和新的思想，而且不光新，还要出人意料。

多尔马蒂国家电台：我猜这是为了国家的进步？

让－雷翁·博沃瓦：当然，而且要乐乐呵呵地制造新行为。

（笑声）

多尔马蒂国家电台：本次采访要进入尾声了，我的最后一个问题，按照惯例，是关于二位这部作品取得的成功的。如果我手头的资料没有问题的话，这部作品已经被翻译成了 12 种语言，在法国的销量超过了 35 万册。你们是怎么看待这种成功的呢？

罗伯特 -万森· 朱尔：是的，您的资料没有问题。这本书甚至还被改编成了话剧[①]。这本书的成功完全出乎我们的意料，我想有以下几个因素吧。书名我就不谈了，也许它在一开始确实起到了一定的作用吧。书店在推广方面下的功夫我也不多说了，都是诸如把书放在橱窗里，放在展台上，组织作者与读者的见面会、签售会，组织辩论等手段，总之就是热情地向读者推荐这本书。我们向他们致敬。他们的帮助不容忽视，不过我认为对本书的成功起到决定性作用的是其他一些因素。

首先是我们的大学同事给予这本书的关心。这本书为实验性社会心理学提供了一个展示的机会，他们对这一点表示赞赏，而且认为这本书十分宝贵（有助于教学），原创性强（参与理论在法国从未进行过推介，不过我们无意中在另外一本书中介绍过[②]），还很有娱乐性（O 夫人的一

① 由杰拉尔德·嘉卢蒂编写剧本并执导，让-克洛德·德雷福斯主演（2007年3月24日至5月13日于巴黎的二十区剧场公演）。

② 《屈从与意识形态》（1981年，法国大学出版社，已绝版）。

系列遭遇在他们看来不乏幽默）。我们在此对他们表示感谢，多亏了他们，这本书在阅读和研究方面无疑都是最热门的作品之一，不但受到心理学学生的追捧，也吸引了不少其他专业或其他院校的学生，他们的专业中通常都包含人类科学或社会科学方面的课程（管理与营销学硕士、商校、政治学院、企业行政管理学院以及工学院）。

第二个因素可以说是一种滚雪球效应。刚刚出版时，这本书并没有引起太大的反响。国家级的报纸和期刊对其并不关注，然而，它却受到了一些专业性杂志（如《科学关联》《心理学家期刊》等）、校刊（《综合工科学院期刊》《矿业年报》等）、主题性杂志（《企业与职业》《挑战》等）、科普杂志（《研究》《人类科学》《科学与生活》《为了科学》等），以及一些大众杂志（如《有问必答》）的热捧。这本书的推广还多亏了读者的口口相传，学生们把这本书推荐给自己的亲友，亲友们再把它推荐给其他亲友。社会经济工作者也起到了很关键的作用：他们把书推荐给自己的合作者，再由合作者推荐给熟人，等等。国家级电台也纷纷加入到推广的行列中：法国国际电台、欧洲第一电台、瑞士罗曼电台……还有贵电台。非常感＋谢。

让-雷翁·博沃瓦：别忘了，还有读者们在读过这本书后对某些技巧有了新发现。有些人曾经为了让操控技巧达到最佳状态而绞尽脑汁，这本书中的知识恰巧为他们的问题提供了具有创新性的答案，这些人既包括商务人士，也有教师、社会工作者、教育家、医生（如保健医生、戒烟医生、营养师等等），以及从这本书中为重新审视管理工作找到更有说服力的理由的职业经理们。还有家长，面对书中介绍的新的教育思路，他们都跃跃欲试，并真正看到了效果，通过书中介绍的方法让孩子做出了各种期待行为，比如收拾房间，写作业和多吃蔬菜，等等。

多尔马蒂国家电台：最后我想问问，你们是否知道O夫人的近况？

让-雷翁·博沃瓦：哦，您的那位同胞啊。您也许已经猜到了，我们这次来多尔马蒂的任务之一就是去看看O夫人。很遗憾，我们没能见到她，不过我们从她的邻居那儿得知，她和丈夫分开了，参加了几次社会活动，又有了几段新感情，现在和她的姑妈热尔梅娜住在一起。看来她们现在是……

罗伯特-万森·朱尔与让-雷翁·博沃瓦：一对乐天派。[①]

---

① 这次采访结束后，我们很高兴地见到了O夫人，她已经投入了新的生活。我们约好，以后一定会一直保持联系。这个诺言如今也算实现了：她现在和其他4998位朋友一起，每天在网上与我们分享欢笑与泪水。社交网络万岁！

# 中英对照词汇表

该表旨在为想要对本书的内容进行深入研究的读者提供便利，此处仅列出相对来说最重要的几个概念。

启动效应：low-ball

自我感知：self-perception

态度改变：attitude change

评价性条件反射：evaluative conditioning

盲目消费：sunk-cost

锁定效应：freezing effect

参与：commitment

参与行为升级：escalation of commitment

贴标签技巧：labeling，name-calling

内在化：internalization

诱饵手段：lure

嘴甜效应：foot-in-the-mouth

伪善：hypocrisy

门槛效应：foot-in-the-door

“怪圈”现象：entrapment

闭门羹效应：door-in-the-face

单纯曝光效应：mere exposure

强迫屈从：forced compliance，induced compliance

无压力屈从：compliance without pressure

接触技巧：touch

图书在版编目（CIP）数据

控制你自己：微妙的潜意识心理学 /（法）罗伯特 – 万森 · 朱尔，（法）让 – 雷翁 · 博沃瓦著；赵飒译 . — 长沙：湖南文艺出版社，2016.10
ISBN 978-7-5404-7657-1

Ⅰ . ①控… Ⅱ . ①罗… ②让… ③赵… Ⅲ . ①社会心理学 Ⅳ . ① C912.6

中国版本图书馆 CIP 数据核字（2016）第 139588 号



著作权合同登记号：18-2016-180
Original title: "PETIT TRAITE DE MANIPULATION A L'USAGE DES HONNETES GENS"
by Robert-Vincent Joule & Jean-Léon Beauvois


上架建议：社会心理学

KONGZHI NI ZIJI：WEIMIAO DE QIANYISHI XINLIXUE
控制你自己：微妙的潜意识心理学

作　　者：［法］罗伯特 – 万森 · 朱尔　让 – 雷翁 · 博沃瓦
译　　者：赵　飒
出 版 人：曾赛丰
责任编辑：薛　健　刘诗哲
监　　制：毛闽峰　李　娜
策划编辑：钟慧峥　范冰原
文案编辑：马玉瑾
营销编辑：贾竹婷　雷清清
版权支持：文赛峰
装帧设计：仙　境
版式设计：利　锐
出版发行：湖南文艺出版社
（长沙市雨花区东二环一段 508 号　邮编：410014）
网　　址：www.hnwy.net
印　　刷：北京天宇万达印刷有限公司
经　　销：新华书店
开　　本：874mm × 1270mm　1/32
字　　数：214 千字
印　　张：10
版　　次：2016 年 10 月第 1 版
印　　次：2016 年 10 月第 1 次印刷
书　　号：ISBN 978-7-5404-7657-1
定　　价：39.80 元

质量监督电话：010-59096394
团购电话：010-59320018